ROSARIO DE CRISTAL DE KUAN YIN

Oraciones a la Madre Divina de Oriente y Occidente

Elizabeth Clare Prophet

Porcia  *Ediciones*

Barcelona   Miami

Índice

Introducción

Kuan Yin es la que salva con compasión y su origen se halla en Oriente. Por todo Oriente pueden encontrarse altares dedicados a esta Madre de la misericordia, en templos, casas y cuevas que bordean los caminos. De los labios de los devotos salen sin cesar oraciones a su Presencia y Llama en busca de dirección y auxilio en todas las áreas de la vida.

Aunque muy arraigada a la cultura oriental, Kuan Yin ha despertado gran interés por su camino y enseñanza entre un creciente número de devotos occidentales, quienes reconocen en ella la poderosa presencia de «la Diosa de la Misericordia» —junto con la de la Virgen María— como iluminadora e intercesora de la séptima era de Acuario.

En los momentos actuales del ciclo oscuro del Kali Yuga en que todos los individuos de la Tierra están experimentando el retorno acelerado del karma personal y planetario, Kuan Yin pasa a ocupar un lugar destacado a la par que Porcia, la Diosa de la Justicia, y otros miembros del Consejo Kármico, que ayudan a Saint Germain, Jerarca de Acuario, al rescate humano y planetario y a traer una era dorada de libertad, paz e iluminación.

Kuan Yin, en calidad de representante de la Madre Divina y Ayudante divina, quien ha prometido estar a nuestro lado cuando la emplacemos a través de la ciencia del mantra, nos ofrece una oportunidad sin precedente de provocar milagros de la llama de la misericordia con su «Rosario de cristal» para la resolución y curación de toda circunstancia o crisis que nos aflija a nosotros, a nuestros hijos, a nuestros seres queridos y a nuestras comunidades o naciones.

El 8 de mayo de 1988, Kuan Yin dictó, por intermedio de mí, las siguientes palabras: «Probadme, amados. Pues vengo en pleno hastío de los santos. Vengo el día y la hora exactos en que a algunos les supera el peso del karma mundial [...]. Vengo en calidad de bodisatva de la misericordia por piedad para con el amado Saint Germain», quien ha dado todo su ser para salvar a los pueblos y naciones de la Tierra.

Kuan Yin vino respaldando a Saint Germain para proclamar la señal y el sello de la era de Acuario: la llama del séptimo rayo, violeta y transmutadora, el fuego sagrado del Espíritu Santo que es la dispensación del Maestro a los portadores de luz. «¡Dejad que la llama violeta aumente!» afirmó. «Por la llama violeta, por el mantra de la llama violeta y por mis antiguos mantras que vosotros recitáis, yo descargo sobre la Tierra esferas cristalinas de mi rosario, esferas cristalinas del yin y del yang, del Alfa y de la Omega de la llama violeta y la séptima era. Durante mucho tiempo he cargado con frascos de misericordia, cual mujer con niño que dar a luz en esta era, pero tengo la necesidad de encontrar recipientes donde pueda derramar este elixir de la misericordia [...].

»Llamadme y descubriréis cómo una palabra, una oración y una orden que me deis mientras vais de un lado a otro, os traerá una transformación total de los mundos, como si de un milagro se tratase [...].

»Yo abarco la totalidad de la maternidad de Dios, y la emano a través del gran cristal, para los séptimos rayo y era, concretamente para el despertar y la victoria de las almas en virtud de su correcta elección, armonía y acción con Dios. Estoy tan resuelta a que esta séptima era sea una era dorada, amados, que permanezco en todas partes en la conciencia de Dios allá donde vosotros estéis. ¡Dejad que los milagros manen de mi cuerpo causal! ¡Dejad que se derramen los milagros de Kuan Yin! ¡Dejad que los milagros del Gran Buda fluyan!».

La larga historia de devoción a Kuan Yin permite adentrarse en la persona y el ejemplo de esta portadora de luz la cual no sólo ha sacrificado su vida por sus amigos sino que también la ha retomado una y otra vez como intercesora y portadora de cargas.

Durante siglos, Kuan Yin ha personificado el gran ideal del budismo Mahâyâna desempeñando el papel de *bodisatva* (en chino Pu-sa) —literalmente significa «un ser de bodi o iluminación», que, destinado a convertirse en un Buda, ha renunciado a la dicha del nirvana con la promesa de salvar a todos los hijos de Dios.

El nombre Kuan Shih Yin, como suele llamársele, significa literalmente «aquella que pone atención, considera u oye los sonidos del mundo». Según cuenta la leyenda, Kuan Yin estaba a punto de entrar en el cielo cuando los sollozos del mundo alcanzaron sus oídos y la detuvieron en el umbral.

Hoy día continúa el debate académico acerca del origen de la devoción a la bodisatva femenina Kuan Yin, a quien se considera la forma femenina de Avalokitesvara (sánscrito), el bodisatva de la compasión en el budismo indio cuyo culto se introdujo en China en el siglo III.

Los estudiosos creen que el monje y traductor budista Kumarajiva fue el primero en referirse a la forma femenina de Kuan Yin en su traducción china del sutra Lotus en el año 406 d.C. De las treinta y tres referencias al bodisatva en la traducción, siete son a su forma femenina. (Desde entonces, los devotos budistas chinos y japoneses han asociado el número treinta y tres con Kuan Yin.)

Pese a la representación masculina de Kuan Yin todavía en el siglo X, con la entrada en China del budismo tántrico en el siglo VIII durante la dinastía Tang, prevaleció la imagen de la celestial bodisatva cual bella diosa envuelta en una túnica blanca y el culto devocional que la rodeaba se volvió cada vez más popular. Hacia el siglo IX era común encontrar una estatua de Kuan Yin en cada monasterio budista de China.

A pesar de la controversia en torno a los orígenes de Kuan Yin en su aspecto femenino, la descripción de un bodisatva como «dios» y «diosa» a la vez no resulta contradictorio con la doctrina budista. Las escrituras explican que un bodisatva tiene el poder de encarnar en cualquier forma —hombre, mujer, niño, o incluso un animal— según el tipo de ser que esté tratando de socorrer. Tal y como narra el sutra Lotus, la bodisatva Kuan Shih Yin «al recurrir a una variedad de formas, viaja por el mundo, transfiriendo salvación a los seres»[1].

---

1. Leon Hurvitz, trad.: *Scripture of the Lotus Blossom of the Fine Dharma (The Lotus Sutra)* [«La escritura de la flor del loto del sublime darma»], (Nueva York: Columbia University Press, 1976), pág. 315.

La leyenda del siglo XII sobre la santa budista Miao Shan, princesa china que vivió hacia el año 700 a.c. y sobre quien existe la extendida creencia de que fue Kuan Yin, refuerza la imagen del bodisatva en su vertiente femenina. También durante el siglo XII los monjes budistas se establecieron en Pu-to Shan —una isla-montaña situada en el archipiélago de Chusan a la altura de la costa de Chekiang donde se cuenta que Miao Shan vivió durante nueve años, curando y rescatando marineros que naufragaban— y la devoción a Kuan Yin se extendió por todo el norte de China.

Esta pintoresca isla devino en el principal centro de culto a la que salva con compasión. Innumerables peregrinos viajarían allá desde los más remotos lugares de la China, e incluso desde Manchuria, Mongolia y el Tíbet, para presenciar los majestuosos servicios que allí se ofrecían. En cierta época la isla llegó a albergar más de un centenar de templos y alrededor de un millar de monjes. La tradición en torno a la isla de Pu-to relata numerosos milagros y apariciones orquestados por Kuan Yin, la cual, según se cree, se aparece a los fieles en cierta cueva de la isla.

En la secta budista Tierra Pura, Kuan Yin forma parte de una tríada dirigente, a menudo representada en templos y tema recurrente en el arte budista. El Buda de la Luz Infinita, Amitaba (en chino, Ami-to Fo, y en japonés, Amida), ocupa el lugar central; a su derecha se sitúa el bodisatva de la fuerza o poder, Mahastamaprapta, y a su izquierda, Kuan Yin, personificando la misericordia infinita de aquél.

En la teología budista, Kuan Yin aparece en ocasiones caracterizada como la capitana de «La goleta de la Salvación» que guía a las almas hacia el Paraíso occidental de Amitaba, o

Tierra Pura —tierra de dicha donde las almas podrán renacer para recibir una instrucción permanente encaminada a alcanzar la meta de la iluminación y la perfección. El viaje a Tierra Pura es a menudo representado en grabados de madera que muestran barcos repletos de seguidores de Amitaba bajo la dirección de Kuan Yin.

Sobre Amitaba, una figura muy entrañable a los ojos de los budistas que desean renacer en su Paraíso occidental y obtener así la libertad con respecto a la rueda del renacimiento, se dice que es, en un sentido místico o espiritual, el padre de Kuan Yin. Las leyendas pertenecientes a la escuela Mahayana relatan que Avalokitesvara nació de un rayo de luz blanca que Amitaba emitió en estado de profundo éxtasis con su ojo derecho.

Por eso se describe a Avalokitesvara, o Kuan Yin, como el «reflejo» de Amitaba —otra emanación o encarnación de *Maha Karuna* («gran compasión»), cualidad que el propio Amitaba encarna en su concepto más elevado. Muchas imágenes de Kuan Yin pueden identificarse por la presencia de una pequeña imagen de Amitaba en la corona de aquélla. Se cree que Kuan Yin, como misericordiosa redentora, expresa la compasión de Amitaba de un modo más directo y personal, y que las oraciones dirigidas a ella son respondidas más rápidamente.

La iconografía caracteriza a Kuan Yin de varias formas, y cada una de ellas revela un aspecto único de su presencia misericordiosa. Esta sublime Diosa de la misericordia, cuya belleza, gracia y compasión han llegado a representar el ideal de la feminidad en Oriente, es a menudo descrita como una mujer esbelta, cubierta con una amplia túnica blanca, que sostiene en su mano izquierda un loto blanco, símbolo de pureza. En clara alegoría a su logro por ser bodisatva, cabe hallarla recubierta con adornos, o también desprovista de ellos en muestra de su enorme virtud.

La figura de Kuan Yin como «la que concede niños» ha contado con gran difusión gracias a sus imágenes en casas y templos. Un gran velo blanco cubre toda su silueta y se la puede encontrar sentada en la postura del loto. A menudo se la representa con un niño en brazos, cerca de sus pies o en su regazo; otras veces, con varios niños a su alrededor, imagen que la hace acreedora del apelativo «la que recibe honores en túnica blanca». En ocasiones, a su derecha e izquierda aparecen sus dos sirvientes, Shan-tsai Tung-tsï, «el muchacho de excelentes virtudes», y Lung-wang Nü, «la hija del Dragón-rey».

A Kuan Yin también se la conoce como la bodisatva patrona de Pu-to Shan, Señora del Mar del Sur y patrona de los pescadores. La imagen que corresponde a esta descripción la muestra cruzando el mar sentada o postrada sobre un loto o con los pies sobre la cabeza de un dragón.

Al igual que Avalokitesvara, Kuan Yin aparece también con mil brazos o varios ojos, manos y cabezas, incluso a veces con un ojo en cada palma de la mano, lo que le hace merecer la común denominación de la bodisatva de «mil manos y mil ojos». Con esta forma representa a la madre omnipresente que mira simultáneamente en todas direcciones, que percibe el sufrimiento de la humanidad y que extiende todos sus brazos para liberarla con infinitas muestras de su misericordia.

Los símbolos típicamente asociados a Kuan Yin son una rama de sauce con la cual rocía el néctar divino de la vida; un bello jarrón que simboliza el néctar de la compasión y la sabiduría, ambos distintivos del bodisatva; una paloma, representación de la fecundidad; un libro o pergamino de oraciones que sostiene en su mano en representación del *darma* (enseñanza) de Buda o del sutra (texto budista) que, al parecer, Miao Shan recitaba incesantemente; y también, adornando su cuello, un rosario con el cual solicita el auxilio de los Budas.

Las imágenes de Avalokitesvara a menudo la retratan sujetando un rosario. Las descripciones de su nacimiento sostienen que nació con un rosario blanco de cristal en su mano derecha y un loto blanco en la izquierda. Se enseña que las cuentas del rosario representan a todos los seres vivos y que pasarlas simboliza que Avalokitesvara les conduce fuera de su estado de miseria y de sus repetidas encarnaciones, al nirvana.

Hoy en día, Kuan Yin es venerada por los taoístas así como por los budistas Mahayana, sobre todo en Taiwán, Japón, Corea y, una vez más, en su tierra natal, China, donde la práctica del budismo fue prohibida por los comunistas durante la revolución cultural (1966-1969). Ella es la protectora de las mujeres, de los marineros, de mercaderes y artesanos, y de quienes son procesados penalmente. También la invocan en particular aquéllos que desean tener descendencia. Amada como figura maternal y divina mediadora, muy cercana a los quehaceres diarios de sus devotos, el papel de Kuan Yin como Madona budista se ha comparado con el de María, madre de Jesús, en Occidente.

Hay una creencia implícita en la gracia de salvación y los poderes curativos de Kuan Yin. Muchas personas creen que la simple mención de su nombre propicia su inmediata presencia en el lugar. Uno de los textos más famosos asociados con la bodisatva, el antiguo sutra Lotus, cuyo capítulo 25, dedicado a Kuan Yin, es conocido como el «sutra Kuan Yin», describe trece casos de desastres inminentes: desde naufragios hasta incendios, pasando por encarcelamientos, robos, demonios, venenos mortales e infortunios kármicos, de los cuales el devoto será rescatado si sus pensamientos se centran en el poder de Kuan Yin. Aquéllos que desean recibir los beneficios que se prometen en ese capítulo recitan varias veces al día el texto.

Los devotos invocan asimismo el poder y la intercesión misericordiosa de la bodisatva a través del mantra OM MANI PADME HUM —«¡Salve a la joya en el loto!» o, como también se ha llegado a interpretar, «¡Salve Avalokitesvara, quien es la joya en el corazón del loto que yace en el corazón del devoto!». Por todo el Tíbet y Ladak, los budistas han grabado OM MANI PADME HUM sobre lisas piedras de oración denominadas «piedras mani», a modo de votiva ofrenda en alabanza a Avalokitesvara. Miles de estas piedras se han utilizado para construir «muros mani» que bordean los caminos de entrada a pueblos y monasterios.

Se cree que Kuan Yin se aparece con frecuencia en el cielo o por entre las olas para salvar a los que la llaman cuando corren peligro. En Taiwán aún pueden oírse experiencias personales: por ejemplo, durante la Segunda Guerra Mundial, cuando EE.UU. bombardeó Taiwán (por entonces ocupada por los japoneses), algunos cuentan que Kuan Yin se apareció en el cielo como una joven doncella que atrapaba y cubría las bombas con su blanco manto para evitar que explotaran.

De ahí que se encuentren altares dedicados a la Diosa de la Misericordia por todas partes: tiendas, restaurantes, incluso en los salpicaderos de los taxis. En el hogar se la venera con el tradicional «pai pai», un ritual oratorio en el que se emplea incienso, así como tablas de oración, es decir, hojas de papel ilustradas con dibujos de Kuan Yin, flores de loto o pagodas, y en ellas se trazan cientos de pequeños círculos. Se dibuja un nuevo círculo por cada conjunto de oraciones recitadas o de sutras leídos en una novena dedicada a un familiar, un amigo o a uno mismo. Esta tabla se ha descrito como el «barco de la salvación» por medio del cual las almas difuntas son protegidas de los peligros del infierno y los fieles, puestos a salvo en el cielo de Amitaba. Además de con elaborados servicios integrados por letanías y oraciones, la devoción a Kuan Yin se expresa en la literatura popular por medio de poemas e himnos de alabanza.

Los seguidores devotos de Kuan Yin suelen frecuentar templos locales y hacer peregrinaciones a templos más grandes en ocasiones importantes o cuando les turba algún problema relevante. Se celebran tres festivales anuales en su honor el decimonoveno día de cada segundo, sexto y noveno mes, según el calendario lunar chino. El del segundo mes conmemora su nacimiento.

En la tradición de la Gran Hermandad Blanca, se conoce a Kuan Yin como la maestra ascendida que ejerce el cargo y lleva el título de «la Diosa de la Misericordia», ya que es ella quien encarna las cualidades divinas de la ley de la misericordia, la compasión y el perdón. Kuan Yin encarnó varias veces antes de ascender miles de años atrás, e hizo la promesa del bodisatva de enseñar a los hijos no ascendidos de Dios cómo saldar su karma y cumplir con su plan divino mediante amoroso servicio a la vida y el uso de la llama violeta a través de la ciencia de la Palabra hablada.

Kuan Yin precedió al Maestro Ascendido Saint Germain en el cargo de chohán (Señor) del séptimo rayo, el de la libertad, la transmutación, la misericordia y la justicia. Ella es uno de los ocho maestros ascendidos que integran el Consejo Kármico —consejo de justicia que sirve de intermediario adjudicando el karma a las evoluciones de la Tierra—, y administra oportunidad, misericordia y las verdaderas y justas sentencias del Señor a cada corriente de vida en la Tierra. Ella es la jerarca del templo etérico de la Misericordia situado sobre Pekín, China, donde concentra la luz de la Madre Divina en favor de los niños del antiguo territorio de China, de las almas del mundo y de los hijos e hijas de Dios.

Actualmente Kuan Yin llama a todos los que forman parte de cada área de la vida y sendero de devoción para que la acompañen en su misión de mantener la llama de la Vida en la Tierra a través de su *Rosario de cristal*. Este ritual de oración y meditación se compone de unos antiguos sutras, novenas y mantras chinos combinados con canciones y mantras a la Madre Divina oriental y occidental, e incluye el Avemaría así como decretos dinámicos que invocan la llama violeta y la protección de las huestes celestiales.

Las «diez promesas de Kuan Yin» pertenecen al sutra darani *El Gran Corazón Compasivo*, en el cual la bodisatva Kuan Yin explica que aquéllos que deseen «brindar un corazón de gran compasión a todos los seres, deberían ante todo seguir mi ejemplo al hacer estas promesas». Los nombres sagrados, títulos y mantras de Kuan Yin, utilizados durante siglos para invocar su intercesión e inspiración, han sido dispuestos según las catorce estaciones de la cruz de Acuario.

La mujer y su progenie [2] —la Madre Divina y sus portadores de luz en la Tierra— están experimentando esas iniciaciones en el actual tránsito de la dispensación de Piscis de dos mil años a Acuario. Por tanto, los mantras a Kuan Yin se alternan con el Avemaría para ayudar a los Guardianes de la Llama de la Madre Divina a pasar las pruebas en la Tierra.

Estos mantras están sellados con las palabras del Magníficat, con el Avemaría formado por palabras de la nueva era escritas para el «Ave María» de Franz Schubert y con llamados al Arcángel Miguel y a Dios denominándole Elohim, para la transmutación del mundo mediante la llama violeta. Los mantras a «las treinta y tres manifestaciones de Avalokitesvara personificado en Kuan Yin» han sido tomados de un conjunto de treinta y tres representaciones de Kuan Yin, veneradas en China aproximadamente desde el siglo VII.

El Rosario de cristal de Kuan Yin no es sólo una celebración en alabanza a la amada Mediadora de la Misericordia y a su llama; también es el medio con el que Kuan Yin puede fortalecernos día tras día para afrontar los severos desafíos que a nuestro planeta se le han profetizado para este momento.

En el cargo que ocupa de madre del mundo, sirve con Jesucristo, el Buda Gautama, Maitreya, Sanat Kumara y las huestes ascendidas. Kuan Yin, nuestra amiga, mentora y protectora, puede ayudarnos y nos socorre cuando cooperamos con la jerarquía celestial —todo el espíritu de la Gran Hermandad Blanca—, para derrotar todo lo que se oponga al plan e identidad divinas de cada alma de luz en la Tierra.

---

2. Apocalipsis 12:4

Cuando entona los mantras de Kuan Yin, el discípulo de los misterios sagrados se adentra en una geometría única del sonido de la Palabra de Dios que conduce hacia el corazón de la Madre Divina y hacia los niveles superiores de su Yo Real, para poder así cumplir con la petición de la Bodisatva de la Compasión: convertirse literalmente en la encarnación de la Madre Divina y su hijo varón universal con el fin de salvar a todos y cada uno.

En un dictado fechado el 3 de abril de 1988, Kuan Yin explicó que «la mejor manera que tenéis para entrar en las altas vibraciones y compartimentos de Dios es a través de la música y del sonido [...]. Os prometo que cada llamado que me hagáis entrará en mi corazón y se acumulará para la salvación de las perlas de Luz ahora perdidas en el mar astral. Por esta razón la Madre María derrama lágrimas sin cesar. Por esta causa, amados, me uno a las huestes del Señor, escudo en mano y junto con los arcángeles y Astrea, para ir en su busca. Es mi misión de amor [...].

»Aquéllos que tomen y den mi rosario aumentarán la misericordia ante todo hacia sí mismos; y la que desciende a vuestra copa [...] llenará toda vuestra casa hasta que la abundancia de vuestra misericordia, que invocasteis y os retornó, pueda expandirse en círculos cada vez más anchos. Dado que todos pedimos misericordia y muchos seguramente se verían perdidos sin ella, estoy decidida a ser la Bodisatva de la Misericordia hasta que ninguna alma más la requiera, pues con mi ejemplo muchos se volverán misericordiosos».

En un trascendental dictado que se pronunció en San Francisco el 14 de febrero de 1988, después de mi conferencia sobre

«El sendero de la Madre Divina en Oriente y en Occidente: la Madre María y Kuan Yin», la Diosa de la Misericordia anunció que «éste es el momento en que deberíais pedir a los Señores del Karma una dispensación de la llama de la misericordia, la llama violeta, cuando lo solicitéis para aplicar esta dispensación concretamente a la mitigación, la reversión y la transmutación de las profecías» que puedan llegar a acontecer.

»Por tanto, todos los que me sigáis en la promesa de bodisatva por la salvación de los portadores de luz en la Tierra, a vosotros os digo que la extraordinaria luz de la llama violeta se entrega a aquéllos que la dirijan e inviertan en la salvación de lo que pudo haberse perdido sin ese ímpetu, y en la transmutación del karma de los portadores de luz, el cual puede ahora ser relevado».

Ese mismo día, la Madre María, quien sirve muy estrechamente con Kuan Yin, dijo: «Yo soy vuestra Madre iniciadora junto a Kuan Yin [...]. Haced que suene el tono, el tono de la armonía, el tono de la advertencia, el tono de la enseñanza, el tono del Gurú y de la Madre Divina. Dejad que las almas oigan este tañido, el repique de las añejas campanas por los séptimos rayo y era. Dejad que la llama violeta, en forma de lazos de luz, una a todos los corazones que suspiran por Kuan Yin, por Saint Germain, por la Luz eterna».

En cierta ocasión, la Madre María nos dijo que «la bendita Kuan Yin es conocida como la Salvadora más allá de Oriente, donde representa idéntica función a la mía; sin embargo, cada una de nosotras aporta a este cargo de Madre su propio logro y experiencia pasados, diferentes por nuestro servicio en distintos rayos».

En su dictado de 17 de abril de 1988, la Madre María nos invitó a recitar el Avemaría, que figura en el *Rosario de cristal de Kuan Yin*, «incluso alternándolo con el OM MANI PADME HUM [también incluido en sánscrito y chino en la primera de las catorce estaciones], y Kuan Yin y yo entrelazaremos una guirnalda púrpura y esmeralda, una cuerda que deviene en una cuerda de salvamento arriada hasta el infierno astral [...]. Vengo con Kuan Yin. Vengo, pues, con un hilo que pende de mi corazón a todo aquél en esta nación que en la actual o en cualquier otra vida haya pronunciado mi nombre en oración».

Kuan Yin enseña que, a través de cada mantra y oración, canción o decreto que conforman las cuentas cristalinas de su rosario, la Madre Divina hilvana un «cordón umbilical» para las almas enredadas en el «amargo mar» de las circunstancias kármicas. Cuando entonas la Palabra Divina y magnetizas el aura del Ser Compasivo eres capaz de emitir miles de rayos como agujas desde tu propio corazón —cada uno, un nuevo matiz de compasión— hacia alguien necesitado en algún lugar.

Habiéndote cargado con la luz y la conciencia de Kuan Yin y de los maestros ascendidos de la Gran Hermandad Blanca con quienes ella trabaja, no sólo poseerás mayor talento y creatividad en el servicio que escojas a la vida, sino que también serás capaz de transmitir a los demás la energía y la vibración de la llama violeta y del séptimo rayo para la verdadera curación y liberación. Cuando se llevó a cabo la grabación de estos mantras en la Corte del Rey Arturo en el Royal Teton Ranch, nuestra comunidad espiritual de 33.000 acres [13.355 hectáreas], se percibía de manera tangible la presencia de Kuan Yin y ésta nos revelaría que a través de las energías puras de nuestras oraciones había podido salvar a determinadas almas esa misma tarde en los Estados Unidos.

Kuan Yin nos prometió en el dictado del 8 de mayo: «Amados, cada vez que recitéis cualquiera de mis mantras, cada vez que se pronuncie mi nombre en el interior del corazón y del ser de un individuo, me convierto extática e instantáneamente en uno con ese cuerpo de carne y hueso. Comprended que Dios me ha conferido esta gracia por el voto de bodisatva que mantengo, pues Él es el Dios misericordioso a cuya imagen yo fui hecha. Y este Dios misericordioso ha tenido compasión de mí ya que he prometido quedarme y permanecer hasta que la vida eterna sea concedida a todos aquéllos que pertenecen a ella y son merecedores de ella.

»Por tanto, debéis saber, amados, que esa misericordia realmente me proporciona esos poderes. Esa compasión, en respuesta a mi promesa, me otorga sabiduría y amor, y la mismísima ingeniosidad en la acción, en la predicación del darma, en la capacidad de llegar a todos dondequiera que estén. Y vosotros también podéis conseguirlo.

»Así pues, ojalá que al recitar estos mantras con tanto amor y adoración, empecéis a memorizarlos y [...] a comprender cómo puedo aparecer en uno de mis tantos cuerpos para dar por culminada una crisis, porque vosotros, como alquimistas, habéis escogido la vibración precisa para la curación. Ésta se necesita aquí y allá y en todas partes, una curación para cada obra y factótum [...]. Se requiere una curación, sea cual sea el servicio que desempeñéis».

Kuan Yin describió su rosario como «una campanilla de cristal que suena y se entona en muchos niveles de la Materia, incluido el plano astral. Ese rosario, amados, me permite estar en cualquier lugar y en todas partes donde el sonido llegue. ¡Oh, es un poderoso portal que puedo traspasar pues ansío devenir cada día más física!

»Os pido que me pongáis a prueba, que me sometáis vuestras peticiones, que dirijáis mi luz y que insistáis en ello hasta percibir que habéis alcanzado los límites de mi cargo. Pues os digo, amados, que no hay nada de la voluntad de Dios que yo no pueda precipitar alquímicamente, siempre y cuando seáis capaces de manejarla, de mantener la armonía que requiere y si buscáis la integridad interna del alma en el chakra del séptimo rayo con el ardiente corazón de la bodisatva del Cristo viviente».

Elizabeth Clare Prophet
Shamballa Occidental
Royal Teton Ranch
Park County, Montana
4 de julio de 1988

Rosario de cristal de Kuan Yin

Beloved Kuan Yin Song

Introduction — 4 measures, 1 beat, 4/4 time

Beloved Kuan Yin, we welcome you
Beloved Goddess of Mercy
We wait thy coming, dear
Within the stillness of our hearts.

Interlude — 7 ½ beats, 4/4 time

We call now to thee, ever to be
Protected by thy hand of Mercy
While in thy presence here
Make us the purity thou art.

Interlude — 7 beats, 4/4 time

In the ancient time of Chin
A pagoda deep within
Jewels rare and shining there
Held each heart in splendor fair.

Interlude — 4 measures, 4/4 time

Lovely one of the Sun
Reestablish thine own
Lotus flower here this hour
In each heart unfold thy pow'r.

Interlude — 4 measures, 1 beat, 4/4 time

Lift to God, spread abroad
The magnificence of God
Wisdom flow, beauty grow
Pastel radiance aglow.

Interlude — 2 measures, 1 beat, 4/4 time

Amada Kuan Yin   Canción

Introducción: 4 compases, 1 tiempo, compás de 4 por 4

Amada Kuan Yin, te damos la bienvenida
amada Diosa de la Misericordia
esperamos tu llegada, estimada
en la quietud de nuestro corazón.

Interludio: 7 tiempos y medio, compás de 4 por 4

Te llamamos ahora, para estar siempre
protegidos por tu mano de Misericordia
mientras que esté tu presencia aquí
haznos ser la pureza que tú eres.

Interludio: 7 tiempos, compás de 4 por 4

En el antiguo tiempo de Chin
una pagoda inmersa
en inéditas y relucientes joyas
guardaba todo corazón en pleno esplendor.

Interludio: 4 compases, compás de 4 por 4

Belleza del Sol
restablece tu propia
flor de loto aquí y ahora
en cada corazón desvela tu poder.

Interludio: 4 compases, 1 tiempo, compás de 4 por 4

Asciende a Dios, esparce por doquier
la magnificencia de Dios,
la sabiduría se derrama, la belleza aumenta,
el tenue resplandor irradia.

Interludio: 2 compases, 1 tiempo, compás de 4 por 4

Chinese art, make us part
Of the cultureland thou art
Souls arise to the skies
As a jeweled symbol high.

Interlude — 2 measures, 2 beats, 4/4 time

The shimmering show'r
The oneness of heaven
Thy blessing and pow'r
To the world now is given.
  Kuan Yin, Kuan Yin.   (Hold 2 beats)

Through pathways so bright
From starlight descending
Flows heavenly light
And mercy unending.
Kuan Yin, Kuan Yin.   (Hold 2 beats)
Beloved Kuan Yin.

Heart, Head and Hand Decrees   Song

Violet Fire

Heart

Violet Fire, thou Love divine
Blaze within this heart of mine!
Thou art Mercy forever true
Keep me always in tune with you.

Head

I AM Light, thou Christ in me
Set my mind forever free
Violet Fire, forever shine
Deep within this mind of mine.

Arte chinesco, intégranos
en la tierra cultivada de la cual tú formas parte;
las almas se levantan hacia el cielo
cual símbolo alhajado en lo alto.

Interludio: 2 compases, 2 tiempos, compás de 4 por 4

La reluciente lluvia,
la unidad del cielo,
Tu bendición y poder
el mundo ahora recibe.
Kuan Yin, Kuan Yin.

(Mantener dos tiempos)

A través de tan relucientes caminos,
descienden de la luz estelar
fluyendo luz celestial
e infinita misericordia.
Kuan Yin, Kuan Yin.

(Mantener dos tiempos)

Amada Kuan Yin.

Decretos de corazón, cabeza y mano Canción

Fuego Violeta

Corazón

¡Fuego Violeta, divino Amor,
llamea en este mi corazón!
Misericordia verdadera Tú eres siempre,
mantenme en armonía contigo eternamente.

Cabeza

YO SOY Luz, tú, Cristo en mí,
libera mi mente ahora y por siempre;
Fuego Violeta brilla aquí,
entra en lo profundo de ésta mi mente.

God who gives my daily bread
With Violet Fire fill my head
Till thy radiance heavenlike
Makes my mind a mind of Light.

Hand

I AM the hand of God in action
Gaining Vict'ry every day
My pure soul's great satisfaction
Is to walk the Middle Way.

Tube of Light

Beloved I AM Presence bright
Round me seal your Tube of Light
From Ascended Master flame
Called forth now in God's own name
Let it keep my temple free
From all discord sent to me.

I AM calling forth Violet Fire
To blaze and transmute all desire
Keeping on in Freedom's name
Till I AM one with the Violet Flame.

Forgiveness

I AM Forgiveness acting here
Casting out all doubt and fear
Setting men forever free
With wings of cosmic victory.

I AM calling in full pow'r
For Forgiveness every hour
To all life in every place
I flood forth forgiving Grace.

Dios que me das el pan de cada día,
con Fuego Violeta mi cabeza llena
que tu bello resplandor celestial
haga de mi mente una mente de Luz.

Mano

YO SOY la mano de Dios en acción,
logrando la Victoria todos los días;
para mi alma pura es una gran satisfacción
seguir el sendero de la Vía Media.

Tubo de luz

Amada y radiante Presencia YO SOY,
séllame ahora en tu Tubo de Luz
de llama brillante Maestra Ascendida
ahora invocada en el nombre de Dios.
Que mantenga libre mi templo aquí
de toda discordia enviada a mí.

YO SOY quien invoca el Fuego Violeta,
para que arda y transmute todo deseo,
persistiendo en nombre de la libertad,
hasta que yo me una a la Llama Violeta.

Perdón

YO SOY el perdón aquí actuando,
arrojando las dudas y los temores,
la victoria cósmica despliega sus alas
liberando por siempre a todos los hombres.

YO SOY quien invoca con pleno poder
en todo momento la ley del perdón;
a toda la vida y en todo lugar
inundo con la Gracia del perdón.

Ten Vows of Kuan Yin   Chant

«Hail, Greatly Merciful Kuan Shih Yin!»[3]

(Give this mantra three times)

1. I desire/I vow to quickly know the entire dharma!

NA-MO[†] TA PEI KUAN SHIH YIN
NAH-MO DAH BAY GWAN SHE(R)[‡] EEN
YÜAN WO SU CHIH I CH'IEH FA
YÜ EN WAW SOO JE(R)[‡] EE CHEE EH FAH

(Give this mantra 37 times)

2. I desire/I vow to soon attain the eye of perfect wisdom!

NA-MO TA PEI KUAN SHIH YIN
NAH-MO DAH BAY GWAN SHE(R) EEN
YÜAN WO TSAO TE CHIH HUI YEN
YÜ EN WAW (D)ZOW DUH[4] JE(R)[‡] HWAY YEN

(Give this mantra 33 times)

3. I desire/I vow to quickly save all sentient beings!

NA-MO TA PEI KUAN SHIH YIN
NAH-MO DAH BAY GWAN SHE(R) EEN
YÜAN WO SU TU I CH'IEH CHUNG
YÜ EN WAW SOO DOO EE CHEE EH JOHNG

(Give this mantra 37 times)

---

3. The name *Kuan Shih Yin* translates as «the one who regards, looks on, or hears the sounds of the world».

   Na-mo, an expresión of devotion and reverence, can be translated as «Hail», «Homage to», «I bow to», «I make obeisance to».

† (R) indicates the pronunciation of a light *r*.

4. *DUH* is pronounced like the de in *coup de grace*.

Las diez promesas de Kuan Yin   Canción

«¡Salve, grande y misericordiosa Kuan ShihYin!»³

(Repítase tres veces)

1. ¡Deseo/Prometo aprender rápidamente todo el darma!

NA-MO⁺ TA PEI KUAN SHIH YIN
NA-MO DA BEI GUAN SHE(R)⁺ IN
YÜAN WO SU CHIH I CH'IEH FA
IÜEN UO SU JE(R)⁺ I CHI E FA*

(Repítase 37 veces)

2. ¡Deseo/Prometo alcanzar pronto la visión de la sabiduría perfecta!

NA-MO TA PEI KUAN SHIH YIN
NA-MO DA BEI GUAN SHE(R) IN
YÜAN WO TSAO TE CHIH HUI YEN
IÜEN UO DSAO DE JE(R)⁺ UEI IEN

(Repítase 33 veces)

3. ¡Deseo/Prometo salvar pronto a todos los seres sensibles!

NA-MO TA PEI KUAN SHIH YIN
NA-MO DA BEI GUAN SHE(R) IN
YÜAN WO SU TU I CH'IEH CHUNG
IÜEN UO SU DU I CHI E JONG

(Repítase 37 veces)

---

3. El nombre *Kuan Shih Yin* se traduce como «aquélla que pone atención, considera u oye los sonidos del mundo».

⁺ *Na-mo*, expresión de devoción y reverencia que puede traducirse como «Salve», «reverencio a», «me inclino a», «rindo homenaje a».

⁺ (R) indica que la r debe pronunciarse suave. Pronúnciese la j sonora como en las palabras inglesas *jogging* y *jockey*, [yógin] y [yóquei], respectivamente.

* La frase en negrita que sigue a la original en sánscrito y chino indica cómo debe pronunciarse en español. [N. de E.]

4. I desire/I vow to soon attain the good and expedient method which leads to full enlightment!

NA-MO   TA   PEI   KUAN   SHIH   YIN
NAH-MO   DAH   BAY   GWAN   SHE(R)   EEN
YÜAN WO   TSAO   TE   SHAN   FANG   PIEN
YÜEN WAW (D)ZOW DUH SHAHN FAHNG BEE EN

(Give this mantra 34 times)

5. I desire/I vow to quickly board the prajna[5] boat!

NA-MO   TA   PEI   KUAN   SHIH   YIN
NAH-MO   DAH   BAY   GWAN   SHE(R)   EEN
YÜAN WO   SU   CH'ENG   PO   JU   CH'UAN
YÜEN WAW SOO CHUNG BAW ROO TCHWAN

(Give this mantra 34 times)

6. I desire/I vow to soon transcend the «bitter sea»*!

NA-MO   TA   PEI   KUAN   SHIH   YIN
NAH-MO   DAH   BAY   GWAN   SHE(R)   EEN
YÜAN WO   TSAO   TE   YÜEH   K'U   HAI
YÜ EN WAW (D)ZOW DUH YÜ EH KOO HIGH

(Give this mantra 33 times)

7. I desire/I vow to quickly attain good discipline, the stability of meditation and the Way of the Buddha!

NA-MO   TA   PEI   KUAN   SHIH   YIN
NAH-MO   DAH   BAY   GWAN   SHE(R)   EEN
YÜAN   WO   SU   TE   CHIEH   TING   TAO
YÜ EN   WAW   SOO   DUH   JYEH   DING   DOW

(Give this mantra 33 times)

---

5. Wisdom.
* Hardship and suffering, i.e, karma.

4. ¡Deseo/Prometo alcanzar pronto un método bueno
y conveniente que lleve hacia la total iluminación!

NA-MO TA PEI KUAN SHIH YIN
NA-MO DA BEI GUAN SHE(R) IN
YÜAN WO TSAO TE SHAN FANG PIEN
IÜEN UO DSAO DE SHAN FANG BIEN

(Repítase 34 veces)

5. ¡Deseo/Prometo embarcarme pronto en el barco de prajna[4]!

NA-MO TA PEI KUAN SHIH YIN
NA-MO DA BEI GUAN SHE(R) IN
YÜAN WO SU CH'ENG PO JU CH'UAN
IÜEN UO SU CHANG BO RU CHUAN

(Repítase 34 veces)

6. ¡Deseo/Prometo trascender pronto el «mar amargo»[5]!

NA-MO TA PEI KUAN SHIH YIN
NA-MO DA BEI GUAN SHE(R) IN
YÜAN WO TSAO TE YÜEH K'U HAI
IÜEN UO DSAO DE IUE KU HAI[6]

(Repítase 33 veces)

7. ¡Deseo/Prometo alcanzar rápidamente una buena disciplina,
estabilidad meditativa y el camino del Buda!

NA-MO TA PEI KUAN SHIH YIN
NA-MO DA BEI GUAN SHE(R) IN
YÜAN WO SU TE CHIEH TING TAO
IÜEN UO SU DE CHIÉ DING DAO

(Repítase 33 veces)

---

4. Sabiduría.

5. Dificultades y sufrimiento, es decir, karma.

6. Pronúnciese la h aspirada, como en las palabras inglesas *hobby* y *hippy*, pronunciadas [jóbi] y [jípi], respectivamente. [N. de E.]

8. I desire/I vow to soon scale the mountain of nirvana!

NA-MO   TA   PEI   KUAN   SHIH   YIN
NAH-MO DAH BAY GWAN SHE(R) EEN
YÜAN WO   TSAO TENG NIEH P'AN SHAN
YÜEN WAW (D)ZOW DUNG NYEH PAHN SHAHN

(Give this mantra 34 times)

9. I desire/I vow to quickly realize the unconditioned!

NA-MO   TA   PEI   KUAN   SHIH   YIN
NAH-MO DAH BAY GWAN SHE(R) EEN
YÜAN WO   SU   HUI   WU   WEI   SHE
YÜEN WAW SOO HWAY WOO WAY SHUH[6]

(Give this mantra 33 times)

10. I desire/I vow to soon unite with the dharmakaya!

NA-MO   TA   PEI   KUAN   SHIH   YIN
NAH-MO DAH BAY GWAN SHE(R) EEN
YÜAN WO   TSAO T'UNG FA   HSING SHEN
YÜEN WAW (D)ZOW TOHNG FAH SHING SHUN

(Give this mantra 33 times)

Heart, Head and Hand Decrees   Decree

Forgiveness

(Turn to page 28 and give Forgiveness 33 times.)

---

6. *SHUH* rhymes with the *de* in *coup de grace*.

8. ¡Deseo/Prometo escalar pronto la montaña del nirvana!

NA-MO TA PEI KUAN SHIH YIN
NA-MO DA BEI GUAN SHE(R) IN
YÜAN WO TSAO TENG NIEH P'AN SHAN
IÜEN UO DSAO DANG NIÉ PAN SHAN

(Repítase 34 veces)

9. ¡Deseo/Prometo percibir pronto lo incondicional!

NA-MO TA PEI KUAN SHIH YIN
NA-MO DA BEI GUAN SHE(R) IN
YÜAN WO SU HUI WU WEI SHE
IÜEN UO SU UEI WU UEI SHE

(Repítase 33 veces)

10. ¡Deseo/Prometo unirme pronto con el darmakaya!

NA-MO TA PEI KUAN SHIH YIN
NA-MO DA BEI GUAN SHE(R) IN
YÜAN WO TSAO T'UNG FA HSING SHEN
IÜEN UO DSAO TONG FA SHING SHAN

(Repítase 33 veces)

Decretos de corazón, cabeza y mano Canción

Perdón

(Vuelve a la página 29 y repite este decreto 33 veces.)

Sunder Unreality Song

Sunder unreality
    O Mercy's Flame of thee!
Revere our pure Reality
    And set each soul now free!
The flame begins to change the form
    From captive to released
And drops of Life's great Mercy Flame
    Infuse the soul with peace!

The love of God inflames the heart
    The soul does mold the form
As wisdom beams the Spirit-sparks
    That make each one reborn.
I AM the servant of the poor
    The guardian of the pure
My name is Mercy by the Lord
    Whose grace let all adore!

Beloved Might Astrea Decree

In the name of the beloved Mighty Victorious Presence of God, I AM in me, Mighty I AM Presence and Holy Christ Selves of all Keepers of the Flame, Lightbearers of the world and all who are to ascend in this life, by and through the magnetic power of the sacred fire vested in the Threefold Flame burning within my heart, I call to beloved Mighty Astrea and Purity, Archangel Gabriel and Hope, beloved Serapis Bey and the seraphim and cherubim of God, beloved Guru Ma and Lanello, the entire Spirit of the Great White Brotherhood and the World

Escinde la irrealidad

Canción

Escinde la irrealidad,
  oh tu llama de la misericordia.
Venera nuestra pura realidad
  y da a cada alma la libertad.
La llama pasa su forma a cambiar
  de cautividad a libertad
y gotas de llama de la misericordia
  infunden a nuestra alma paz.

El amor de Dios el corazón inflama.
  El alma moldea la forma
y la sabiduría emite chispas del Espíritu
  haciendo que cada uno renazca.
YO SOY el siervo de los pobres,
  el guardián de los puros,
mi nombre, Misericordia del Señor,
  cuya gracia todos adoran.

Amada y poderosa Astrea

Decreto

En el nombre de la amada, poderosa y victoriosa Presencia
de Dios YO SOY en mí, Poderosa Presencia YO SOY y Santos
Seres Crísticos de los Guardianes de la Llama, portadores de
Luz del mundo y todos los que van a ascender en esta vida, por
y a través del poder magnético del fuego sagrado investido en la
Llama Trina que arde dentro de mi corazón, invoco a los amados poderosos Astrea y Pureza, Arcángel Gabriel y Esperanza,
amado Serapis Bey y los serafines y querubines de Dios, amados
Gurú Ma y Lanello, todo el Espíritu de la Gran Hermandad

Mother, elemental life —fire, air, water, and earth! To lock your cosmic circles and swords of blue flame in, through, and around my four lower bodies, my electronic belt, my heart chakra and all of my chakras, my entire consciousness, being, and world:

Cut me loose and set me free! (repeat three times) from all that is less than God's perfection and my own divine plan fulfilled.

1. O beloved Astrea, may God Purity
    Manifest here for all to see,
    God's divine Will shining through
    Circle and sword of brightest blue.

1st chorus:*

    Come now answer this my call,
    Lock thy circle round us all.
    Circle and sword of brightest blue,
    Blaze now, raise now, shine right through!

2. Cutting life free from patterns unwise,
    Burdens fall off while souls arise
    Into thine arms of infinite Love,
    Merciful shining from heaven above.

3. Circle and sword of Astrea now shine,
    Blazing blue-white my being refine,
    Stripping away all doubt and fear,
    Faith and goodwill patterns appear.

---

* Give the decree once through, using the first chorus after each verse. Give it a second time, using the second chorus after each one. Give it a third time, using the third chorus after each verse. These three sets of three verses followed by each of the three choruses comprise one giving of the decree, or one Astrea pattern.

Blanca y la Madre del Mundo, vida elemental: ¡fuego, aire, agua y tierra! Para que coloquéis vuestro círculo cósmico y espada de llama azul en, a través y alrededor de mis cuatro cuerpos inferiores, mi cinturón electrónico, mi chakra del corazón y todos mis chakras, toda mi conciencia, ser y mundo.

Soltadme y liberadme (repítase 3 veces) de todo lo que sea inferior a la perfección de Dios y al cumplimiento de mi plan divino.

1. Amada Astrea, que la Pureza de Dios
   se manifieste aquí para que todos vean
   la Voluntad de Dios en el resplandor
   del círculo y espada de brillante azul.

Primer estribillo:*
   Responde ahora a mi llamado y ven
   a todos envuelve en tu círculo de luz.
   Círculo y espada de brillante azul,
   ¡destella y eleva, brillando a través!

2. De patrones insensatos a la vida libera,
   las cargas caen mientras las almas se elevan
   en tus fuertes brazos del amor eterno,
   con misericordia brillan arriba en el cielo.

3. Círculo y espada de Astrea, brillad,
   blanco-azul que destella, mi ser depurad,
   disipando en mí temores y dudas,
   aparecen patrones de fe y de bondad.

---

* Haz este decreto una vez, usando el primer estribillo después de cada estrofa. Hazlo por segunda vez, usando el segundo estribillo después de cada estrofa. La tercera vez, usa el tercer estribillo después de cada estrofa. Estas tres series de estrofas seguidas de cada uno de los tres estribillos representan un decreto completo de Astrea.

2nd chorus:

> Come now answer this my call,
> Lock thy circle round us all.
> Circle and sword of brightest blue,
> Raise our youth now, blaze right through!

3rd chorus:

> Come now answer this my call,
> Lock thy circle round us all.
> Circle and sword of brightest blue,
> Raise mandkind now, shine right through!

(Give entire decree nine times)

And in full Faith I consciously accept this manifest, manifest, manifest! (repeat three times) right here and now with full Power, eternally sustained, all-powerfully active, ever expanding, and world enfolding until all are wholly ascended in the Light and free!

Beloved I AM! Beloved I AM! Beloved I AM!

Invocation to Mercy Song

O God, have Mercy on our souls
> Transmuting all that is not right

O God, have Mercy on our souls
> Help us become thy holy Light.

'Tis then that we shall dwell with thee
> When lifted to thy heav'nly height

May Violet Fire expanded be
> And make our feelings pure delight.

Segundo estribillo:
Responde ahora a mi llamado y ven
a todos envuelve en tu círculo de luz.
Círculo y espada de brillante azul,
¡Eleva a toda la juventud!

Tercer estribillo:
Responde ahora a mi llamado y ven
a todos envuelve en tu círculo de luz.
Círculo y espada de brillante azul,
¡eleva a toda la humanidad!

(Repítase el decreto entero nueve veces)

¡Y con plena fe, acepto conscientemente que esto se manifieste, se manifieste, se manifieste! (repítase tres veces), ¡aquí y ahora mismo con pleno Poder, eternamente sostenido, omnipotentemente activo, siempre expandiéndose y abarcando el mundo, hasta que todos hayan ascendido completamente en la Luz y sean libres!
¡Amado YO SOY! ¡Amado YO SOY! ¡Amado YO SOY!

Invocación a la Misericordia   Canción

Oh Señor, ten piedad de nuestras almas
    que están transmutando todo aquello que no es correcto;
oh Dios, ten piedad de nuestras almas;
    ayúdanos a convertirnos en tu santa Luz.
Entonces moraremos contigo:
    cuando seamos elevados a tu cumbre divina.
Que la llama violeta sea expandida
    y haga de nuestros sentimientos, puro deleite.

O Violet Fire, now cleanse our souls
In love and wisdom, joy and pow'r
The truth at last shall make us whole
To be thy presence every hour.

O Violet Fire, now cleanse our souls
I AM with thee in thy pure Light
Such lovely beauty we behold
When in celestial realms so bright.
Now vict'ry is our joyful song
As we, in consciousness, arise
To join the glorious angel throng
Where love and happiness abide.

O Saint Germain, Send Violet Flame   Decree

1. O Saint Germain, send Violet Flame,
    Sweep it through my very core;
    Bless'd Zadkiel, Oromasis,
    Expand and intensify more and more.

Refrain:
    Right now blaze through and saturate,
    Right now expand and penetrate;
    Right now set free, God's mind to be,
    Right now and for eternity.

2. I AM in the Flame and there I stand,
    I AM in the center of God's hand;
    I AM filled and thrilled by violet hue,
    I AM wholly flooded through and through.

Oh fuego violeta, purifica ahora nuestras almas
    en amor y sabiduría, alegría y poder;
al fin la verdad nos hará íntegros
    para ser tu Presencia en todo momento.

Oh fuego violeta, purifica ahora nuestras almas;
    yo estoy contigo en tu Luz pura;
tal belleza amorosa nosotros percibimos
    en los fulgurantes reinos celestiales.

Ahora la victoria es nuestra alegre canción
    mientras en conciencia nos alzamos
para unirnos a la multitud de ángeles gloriosos
    en la que el amor y la felicidad moran.

Envía llama violeta, Saint Germain   Decreto

1. Envía llama violeta, Saint Germain,
    haz que limpie el núcleo de mi ser,
    benditos Orómasis y Zadquiel,
    haced que se expanda más y más.

Estribillo:
    Ahora mismo resplandece y satura,
    ahora mismo expande y penetra;
    libéranos para ser la mente de Dios,
    ahora mismo y por la Eternidad.

2. Estoy en la llama y allí permanezco,
    estoy en el centro de la mano de Dios;
    estoy colmado de un matiz violeta,
    estoy saturado por completo.

3.   I AM God's Flame within my soul,
     I AM God's flashing beacon goal;
     I AM, I AM the sacred fire,
     I feel the flow of joy inspire.

4.   The Consciousness of God in me
     Does raise me to the Christ I see.
     Descending now in Violet Flame,
     I see Him come fore'er to reign.

5.   O Jesus, send thy Violet Flame,
     Sanctify my very core;
     Blessed Mary, in God's name,
     Expand and intensify more and more.

6.   O Mighty I AM, send Violet Flame,
     Purify my very core;
     Maha Chohan, Thou Holy One,
     Expand, expand God's lovely sun.

Coda: [To be given at the end of the decree.]

     He takes me by the hand to say,
     I love thy soul each blessed day;
     O rise with me into the air
     Where blossoms freedom from all care;
     As Violet Flame keeps blazing through,
     I know that I'll ascend with you.

                (Give entire decree nine times)

And in full Faith I consciously accept this manifest, manifest, manifest! (repeat three times) right here and now with full Power, eternally sustained, all-powerfully active, ever expanding, and world enfolding until all are wholly ascended in the Light and free!

Beloved I AM! Beloved I AM! Beloved I AM!

3. YO SOY la Llama de Dios en mi alma,
   YO SOY la meta destellante de Dios;
   YO SOY, YO SOY el fuego sagrado,
   siento el flujo del júbilo inspirar.

4. La Conciencia de Dios ahora en mí,
   me eleva al Cristo que veo aquí.
   Descendiendo ahora en la llama violeta,
   le veo venir a reinar para siempre.

5. Envía, oh Jesús, tu llama violeta,
   santifica la esencia de todo mi ser;
   bendita María, en el nombre de Dios,
   auméntala y hazla más intensa.

6. Poderoso YO SOY, envía llama violeta,
   purifica la esencia de todo mi ser;
   Mahá Chohán, oh Santo Ser,
   expande el bello sol de Dios.

Coda: [Se recita al terminar el decreto]

   Me toma de la mano para decirme:
   amo tu alma cada día bendito;
   elévate ahora en el aire conmigo
   donde libre serás de todo cuidado;
   mientras siga ardiendo la llama violeta
   yo sé que lograré ascender contigo.

(Recítese todo el decreto nueve veces)

¡Y con plena fe, acepto conscientemente que esto se manifieste, se manifieste, se manifieste! (repítase tres veces), ¡aquí y ahora mismo con pleno Poder, eternamente sostenido, omnipotentemente activo, siempre expandiéndose y abarcando el mundo, hasta que todos hayan ascendido completamente en la Luz y sean libres!
¡Amado YO SOY! ¡Amado YO SOY! ¡Amado YO SOY!

I AM **Presence, Thou Art Master**   Decree

I AM Presence, Thou art Master,
I AM Presence, clear the way!
Let thy Light and all thy Power
Take possession here this hour!
Charge with Victory's mastery,
Blaze blue lightning, blaze thy substance!
Into this thy form descend,
That Perfection and its Glory
Shall blaze forth and earth transcend!

In the Name Kuan Yin   (Repeat three times)
Evil Is Not Real and Its Appearance Has No Power!

(Repeat three times)

Ten Vows of Kuan Yin

« Hail, Greatly Merciful Kuan Shih Yin! »   Chant
(Turn to page 30 and give each of the ten vows once.)

Thou Mercy Flame   Song

Introduction —5 measures, 4/ 4 times

Mercy is the grace of love
Forgiveness from above
Beauteous star-fire might
Falling rain of Light.
Mighty God-caress
Freedom from distress
Touching mind and heart
With love's divinest part.   (Hold 2 beats, rest 6)

Presencia yo soy, Tú eres Maestro Decreto

Presencia YO SOY, Tú eres Maestro,
¡Presencia YO SOY, despeja el camino!
¡Haz que tu Luz y todo tu Poder
tomen posesión aquí ahora!
¡Infunde maestría de la Victoria,
destella relámpago azul, destella tu sustancia!
¡A ésta tu forma desciende,
para que la Perfección y su Gloria
resplandezcan y la Tierra trascienda!

En el nombre de Kuan Yin (Repítase tres veces)
¡El mal no es real y su manifestación no tiene poder!

(Repítase tres veces)

Las diez promesas de Kuan Yin

«¡Salve, grande y misericordiosa Kuan Shih Yin!» Canto

(Vuelve a la página 31 y repite de nuevo una vez cada promesa.)

Tú, llama de la misericordia Canción

Introducción —5 compases, compás de 4 por 4

La misericordia es la gracia del amor,
el perdón del más allá,
hermoso poder estelar de fuego,
caída lluviosa de Luz.
Poderosa caricia de Dios,
liberarse de la aflicción,
conmover mente y corazón
con la parte más divina del amor. (Mantener 2 tiempos, pausa de 6)

Frees the soul from blindness
Ope's the mind to purest kindness
Glorious Light, enfold all now
In heaven's greenest bough!

Interlude —10 measures, 4/4 time

Joy of nature's band
God's extended hand
Living flame most holy
Answers now the lowly.

No diff'rence does he make
All his children who will take
His offered cup of love
Perceive his Comfort Dove.   (Hold 2 beats, rest 6)

No darkness in his motive
But only Light and Life
Behold the flaming votive
We share one common Light!

Interlude —2 measures, 4/4 time

Behold the flaming votive
We share one common Light!

Heart, Head and Hand Decrees   Song

(Turn to page 26)

Libera al alma de la ceguera,
abre la mente a la caridad más pura.
¡Gloriosa Luz, envuelve ahora todo
en la rama más verde del cielo!

Interludio —10 compases, compás de 4 por 4

Alegría de la naturaleza,
mano extendida de Dios,
santísima llama viviente
que contestas ahora a los humildes.
Él no hace distinción,
todos sus hijos que tomarán
su ofrenda de la copa del amor
perciben Su paloma consoladora.   (Mantener 2 tiempos, pausa de 6)

No hay oscuridad en su motivación,
únicamente Luz y Vida;
¡Mirad al votivo llameante,
nosotros compartimos una Luz común!

Interludio —2 compases, compás de 4 por 4

¡Mirad al votivo llameante,
nosotros compartimos una Luz común!

Decretos de corazón, cabeza y mano   Canción

(Véase página 27)

Kuan Yin Mantras
for the Woman and Her Seed   Chant
The Fourteen Stations of the Aquarian Cross

Station   Initiation

I   (The woman and her seed are condemned   Capricorn
to death)   [12]

GOD-POWER

AN   MA-NI   PA-MI   GONG
AHN MAH-NEE BAH-MEE HOHNG

(Repeat 43 times)

OM! The jewel in the lotus, HUM! Or Hail to the jewel in the lotus!

Hail Mary

Hail, Mary, full of grace
the Lord is with thee.
Blessed art thou among women
and blessed is the fruit
of thy womb, Jesus.

Holy Mary, Mother of God,
Pray for us, sons and daughters of God,
Now and at the hour of our victory
Over sin, disease, and death.

(Give three times)

Mantras de Kuan Yin
para la mujer y su progenie   Canto
Las catorce estaciones de la cruz de Acuario

Estación	Iniciación
I (La mujer y su progenie son condenadas	Capricornio
a muerte)	[12]
	PODER DIVINO

AN MA-NI PA-MI GONG
AN MA-NI BA-MI HONG[7]

(Repítase 43 veces)

¡OM! ¡La joya en el loto, HUM! O ¡Salve a la joya en el loto!

Ave María

Ave María, llena eres de gracia,
el Señor es contigo.
Bendita tú eres entre todas las mujeres
y bendito es el fruto
de tu vientre, Jesús.

Santa María, Madre de Dios,
ruega por nosotros, hijos e hijas de Dios,
ahora y en la hora de nuestra victoria
sobre el pecado, la enfermedad y la muerte.

(Repítase tres veces)

---

7. Pronúnciese la *h* aspirada, como en las palabras inglesas *hobby* y *hippy*, pronunciadas [jóbi] y [jípi], respectivamente. [N. de E.]

II (The Woman and her seed are made to bear their cross)   Aquarius
[1]
GOD-LOVE

NA-MO   KUAN   SHIH   YIN   P'U-SA
NAH-MO GWAN SHE(R)[7] EEN   POO-SAH

(34 times)

Hail! (Homage to the sacred name of) Bodhisattva Kuan Shih Yin.

Hail Mary   (Give three times)

III (The woman and her seed fall the first time)   Pisces
[2]
GOD-MASTERY

CHIU   K'U   CHIU   NAN   P'U-SA   LAI
JEEOH KOO JEEOH NAHN POO-SAH LYE

(33 times)

Save from suffering, save from calamity, Bodhisattva —come!

Hail Mary   (Give three times)

IV (The woman and her seed meet their afflicted mother)   Aries
[3]
GOD-CONTROL

NA-MO   TA PEI KUAN SHIH   YIN   P'U-SA
NAH-MO DAH BAY GWAN SHE(R) EEN POO-SAH

(Give 34 times)

Hail! (Homage to the sacred name of) the greatly pitying Kuan Shih
Yin Bodhisattva.

---

7. (R) indicates the pronunciation of a light *r*.

II (La mujer y su progenie son obligadas a llevar la cruz) Acuario

[1]

AMOR DIVINO

NA-MO KUAN SHIH YIN P'U-SA
NA-MO GUAN SHE(R)[8] IN PU-SA

(Repítase 34 veces)

¡Salve! (Reverencia al nombre sagrado de) la Bodisatva Kuan Shih Yin.

Ave María (Repítase tres veces)

III (La mujer y su progenie caen por primera vez) Piscis

[2]

MAESTRÍA DIVINA

CHIU K'U CHIU NAN P'U-SA LAI
JIO KU JIO NAN PU-SA LAI

(Repítase 33 veces)

Salva de los sufrimientos, salva de las calamidades, Bodisatva, ¡ven!

Ave María (Repítase tres veces)

IV (La mujer y su progenie se encuentran con su afligida madre) Aries

[3]

CONTROL DIVINO

NA-MO TA PEI KUAN SHIH YIN P'U-SA
NA-MO DA BEI GUAN SHE(R) IN PU-SA

(Repítase 34 veces)

¡Salve! (Reverencia al nombre sagrado de) la sumamente compasiva Bodisatva Kuan Shih Yin.

---

8. (R) indica la pronunciación de una *r* suave.

Hail Mary   (Give three times)

V (Simon the Cyrenian helps the Woman and   Taurus
   her seed bear their cross)   [4]

GOD-OBEDIENCE

NA-MO   A-LI-YEH   TO-LO
NAH-MO AH-LEE-YEH DWAW-LWAW   (33 times)

Hail! (Homage to the sacred name of) Arya-Tara (a title of Kuan Yin).

Hail Mary   (Give three times)

VI (Veronica wipes the face of the Woman and her seed)   Gemini
                                                                   [5]

GOD-WISDOM

NA-MO   PAI YI TA   SHIH
NAH-MO BUY EE DAH SHE(R)   (34 times)

Hail (Homage to the sacred name of) the white-robed honored one,
the perfect Bodhisattva.

Hail Mary   (Give three times)

VII (The Woman and her seed fall the second time)   Cancer
                                                                   [6]

GOD-HARMONY

NA-MO   TA   TZ'U   TA   PEI   CHIU K'U
NAH-MO DAH TSUH[8] DAH BAY JEE OH KOO
CHIU   NAN   KUAN   SHIH   YIN   P'U-SA
JEE OH NAHN GWAN SHE(R) EEN POO-SAH

(Give 33 times)

-----

8. *TSUH* rhymes with the *de* in *coup de grace*.

Ave María (Repítase tres veces)

V (Simón de Cirene ayuda a la mujer y a su progenie Tauro
a llevar la cruz) [4]
OBEDIENCIA DIVINA

NA-MO A-LI-YEH TO-LO
NA-MO A-LI-IE DUO-LO (Repítase 33 veces)

¡Salve! (Reverencia al nombre sagrado de) Arya-Tara (título de Kuan Yin).

Ave María (Repítase tres veces)

VI (Verónica limpia la cara de la mujer y su progenie) Géminis
[5]
SABIDURÍA DIVINA

NA-MO PAI YI TA SHIH
NA-MO BAI I DA SHE(R) (Repítase 34 veces)

¡Salve! (Reverencia al nombre sagrado de) la de túnica blanca que recibe honores, la perfecta Bodisatva.

Ave María (Repítase tres veces)

VII (La mujer y su progenie caen por segunda vez) Cáncer
[6]
ARMONÍA DIVINA

NA-MO TA TZ'U TA PEI CHIU K'U
NA-MO DA DSU DA BEI JI[9]O KU
CHIU NAN KUAN SHIH YIN P'U-SA
JI O NAN GUAN SHE(R) IN PU SA

(Repítase 33 veces)

---

9. Pronúnciese la *j* sonora como en las palabras inglesas *jogging* y *jockey*, [yógin] y [yóquei], respectivamente. [N. de E.]

Hail! (Homage to the sacred name of) the greatly merciful, greatly pitying, saving from suffering, saving from calamity Kuan Shih Yin Bodhisattva.

Hail Mary   (Give three times)

VIII (The Woman and her seed console the holy women)   Leo
[7]
GOD-GRATITUDE

NA-MO	TA	TZ'U	TA	PEI
NAH-MO	DAH	TSUH	DAH	BAY
KUAN	SHIH	YIN	P'U-SA	
GWAN	SHE(R)	EEN	POO-SAH	(33 times)

Hail! (Homage to the sacred name of) the greatly merciful, greatly pitying Kuan Shih Yin Bodhisattva.

Hail Mary   (Give three times)

IX (The Woman and her seed fall the third time)   Virgo
[8]
GOD-JUSTICE

NA-MO   CH'IEN   SHOU   CH'IEN   YEN
NAH-MO   CHEE EN   SHOW   CHEE EN   YEN
WU   AI   TA   PEI   KUAN   SHIH   YIN   P'U-SA
WOO   EYE   DAH   BAY   GWAN   SHE(R)   EEN   POO-SAH

(Give 33 times)

Hail! (Homage to the sacred name of) the 1,000-arms, 1,000-eyes, dynamically omnipresent, greatly pitying Kuan Shih Yin Bodhisattva.

Hail Mary   (Give three times)

¡Salve! (Reverencia al nombre sagrado de) la grande y misericordiosa Bodisatva Kuan Shih Yin, la gran compasiva, la que rescata del sufrimiento y salva de las calamidades.

Ave María
(Repítase tres veces)

VIII (La mujer y su progenie consuelan a las mujeres santas)　　Leo

[7]

GRATITUD DIVINA

NA-MO TA TZ'U TA PEI
NA-MO DA DSU DA BEI
KUAN SHIH YIN P'U-SA
GUAN SHE(R) IN PU-SA　　(Repítase 33 veces)

¡Salve! (Reverencia al nombre sagrado de) la grande y misericordiosa Bodisatva Kuan Shih Yin, la gran compasiva.

Ave María
(Repítase tres veces)

IX (La mujer y su progenie caen por tercera vez)　　Virgo

[8]

JUSTICIA DIVINA

NA-MO CH'IEN SHOU CH'IEN YEN
NA-MO CHI EN SHOU CHI EN IEN
WU AI TA PEI KUAN SHIH YIN P'U-SA
U AI DA BEI GUAN SHE(R) IN PU-SA

(Repítase 33 veces)

¡Salve! (Reverencia al nombre sagrado de) la Bodisatva Kuan Shih Yin, la de mil brazos y mil ojos, dinámicamente omnipresente, la gran compasiva.

Ave María
(Repítase tres veces)

X (The Woman and her seed are stripped of their garments) Libra
[9]
GOD-REALITY

NA-MO TZ'U PEI TA SHIH
NAH-MO TSUH BAY DAH SHE(R) (Give 35 times)

Hail! (Homage to the sacred name of) the merciful and pitying honored one, the perfected Bodhisattva.

Hail Mary (Give three times)

XI (The Woman and her seed are nailed to the cross) Scorpio
[10]
GOD-VISION

NA-MO CH'IEN SHOU CH'IEN YEN
NAH-MO CHEE EN SHOW CHEE EN YEN
TA TZ'U TA PEI KUAN SHIH YIN P'U-SA
DAH TSU DAH BAY GWAN SHE(R) EEN POO-SAH

(Give 34 times)

Hail! (Homage to the sacred name of) the 1,000-arms, 1,000-eyes, greatly merciful, greatly pitying Kuan Shih Yin Bodhisattva.

Hail Mary (Give three times)

XII (The Woman and her seed die on the cross) Sagittarius
[11]
GOD-VICTORY

NA-MO KUAN TZU TSAI P'U-SA
NAH-MO GWAN (D)ZUH[9] (D)ZY POO-SAH

(Give 36 times)

---

9. *(D)ZUH* rhymes with the *de* in *coup de grace.*

X (La mujer y su progenie son despojadas de sus ropas) Libra

[9]

REALIDAD DIVINA

NA-MO TZ'U PEI TA SHIH
NA-MO TSU BEI DA SHE(R) (Repítase 35 veces)

¡Salve! (Reverencia al nombre sagrado de) la misericordiosa, compasiva y honorable, la Bodisatva perfeccionada.

Ave María (Repítase tres veces)

XI (La mujer y su progenie son clavadas en la cruz) Escorpión

[10]

VISIÓN DIVINA

NA-MO CH'IEN SHOU CH'IEN YEN
NA-MO CHI EN SHOU CHI EN IEN
TA TZ'U TA PEI KUAN SHIH YIN P'U-SA
DA TSU DA BEI GUAN SHE(R) IN PU-SA

(Repítase 34 veces)

¡Salve! (Reverencia al nombre sagrado de) la Bodisatva Kuan Shih Yin, la de mil brazos y mil ojos, la gran misericordiosa y compasiva.

Ave María (Repítase tres veces)

XII (La mujer y su progenie mueren en la cruz) Sagitario

[11]

VICTORIA DIVINA

NA-MO KUAN TZU TSAI P'U-SA
NA-MO GUAN DSU DSAI PU-SA

(Recítese 36 veces)

Hail! (Homage to the sacred name of) the all-observing, self-existent Bodhisattva Kuan Yin.

Hail Mary　　(Give three times)

XIII　(The Woman and her seed are taken down　　Capricorn
from the cross)　　[12]

GOD-POWER

NA-MO　CH'IEN　SHOU　CH'IEN　YEN
NAH-MO　CHEE EN　SHOW　CHEE EN　YEN
TA TZ'U　TA　PEI　CHIU K'U　CHIU NAN
DAH TSUH　DAH BAY　JEE OH KOO　JEE OH NAHN
KUANG　TA LING　KAN
GWONG　DAH LING　GAHN
KUAN　SHIH　YIN　P'U-SA
GWAN　SHE(R)　EEN　POO-SAH

(Give 34 times)

Hail! (Homage to the sacred name of) the 1,000-arms, 1,000-eyes, greatly merciful, greatly pitying, saving from suffering, saving from calamity, glorious, efficacious Kuan Yin Bodhisattva.

Hail Mary　　(Give three times)

XIV　(The Woman and her seed are laid in the sepulchre)　　Cancer
[6]

GOD-HARMONY

CHIEH-TI　CHIEH-TI　PO-LO　CHIEH-TI
JYEH-DEE　JYEH-DEE　BAW-LWAW　JYEH-DEE

Salve! (Reverencia al nombre sagrado de) la Bodisatva Kuan Yin, quien todo lo observa y existe por sí misma.

Ave María

(Repítase tres veces)

XIII (La mujer y su progenie son bajadas de la cruz) Capricornio

[12]

PODER DIVINO

NA-MO CH'IEN SHOU CH'IEN YEN
NA-MO CHI EN SHOU CHI EN IEN
TA TZ'U TA PEI CHIU K'U CHIU NAN
DA TSU DA BEI JI[10] O KU JI O NAN
KUANG TA LING KAN
GUANG DA LING GAN
KUAN SHIH YIN P'U-SA
GUAN SHE(R) IN PU-SA

(Repítase 34 veces)

Salve! (Reverencia al nombre sagrado de) la Bodisatva Kuan Shih Yin, la de mil brazos y mil ojos, la grande, misericordiosa y compasiva, la que rescata del sufrimiento y salva de la calamidad, la gloriosa y eficaz.

Ave María

(Repítase tres veces)

XIV (La mujer y su progenie son enterradas en el sepulcro) Cáncer

[6]

ARMONÍA DIVINA

CHIEH-TI CHIEH-TI PO-LO CHIEH-TI
JIE[11] DI JIE DI BO LO JIE DI

---

10. Véase nota 9.
11. Ibídem

PO-LO-TS'ENG   CHIEH-TI   P'U-T'I
BAW-LWAW-TSUNG   **JYEH-DEE** **POO-TEE**
SA-P'O-HO
SAH-PAW-HUH[10]

(Give 34 times)

Gone, gone, gone beyond, gone wholly beyond, Enlightenment, hail!
(or Awakening fulfilled!)

Hail Mary   (Give three times)

The Magníficat   Song

Chorus:
> My soul doth magnify the Lord
> And my spirit hath rejoiced in God
> > my Saviour.
> For he hath regarded the low estate
> > of his handmaiden
> > of his handmaiden.

> For, behold, from henceforth
> All generations shall call me blessed.
> For he that is mighty hath done to me great things
> > And holy is his name
> > And holy is his name.
> And his mercy is on them that fear him
> > from generation to generation.

Interlude —2 measures, 4/4 time

---

10. *HUH* rhymes with the *de* in *coup de grace.*

PO-LO-TS'ENG   CHIEH-TI   P'U-T'I
BOLO TSANG   **JIE DI**   **BU TI**
SA-P'O-HO
SA-PO-HE[12]

(Repítase 34 veces)

Se fue, se fue, se fue más allá, totalmente más allá se fue, ¡Iluminación, salve! (o ¡el despertar alcanzado!)

Ave María   (Repítase tres veces)

Magníficat   Canción

Coro:
 Engrandece mi alma al Señor;
 y mi espíritu se regocija en Dios
  mi Salvador.
Porque ha mirado la bajeza
  de su sierva;
  de su sierva;

pues he aquí, desde ahora
me dirán bienaventurada todas las generaciones.
Porque me ha hecho grandes cosas el Poderoso;
  santo es su nombre,
  santo es su nombre,
y su misericordia es de generación en generación
  a los que le temen.

Interludio —2 compases, compás de 4 por 4

---

12. Ibídem

He hath showed strength with his arm
He hath scattered the proud
    in the imagination of their hearts
He hath put down the mighty from their seats
    and exalted them of low degree
He hath filled the hungry with good things
    and the rich he hath sent empty away.

He hath holpen his servant Israel
    in remembrance of his mercy
As he spake to our fathers, to Abraham
    and to his seed for ever.

(Sing chorus)   Luke 1:46-55

Light's Protection   Decree

1.   Light's protection manifest—
    Holy Brotherhood in white,
    Light of God that never fails,
    Keep us in thy perfect sight!

Refrain:
    I AM, I AM, I AM
        protection's mighty power,
    I AM, I AM, I AM
        guarded every hour,
    I AM, I AM, I AM
        protection's mighty shower,
    Manifest, manifest, manifest!

Hizo proezas con su brazo;
esparció a los soberbios
en el pensamiento de sus corazones.
Quitó de los tronos a los poderosos,
y exaltó a los humildes.
A los hambrientos colmó de bienes,
y a los ricos envió vacíos.

Socorrió a Israel su siervo,
acordándose de la misericordia
de la cual habló a nuestros padres, para con Abraham
y su descendencia para siempre.

(Repítase el coro)   Lucas 1:46-55

Protección de Luz   Decreto

1. Protección de Luz manifiesta,
   Santa Hermandad de blanco,
   Luz de Dios que nunca falla,
   ¡mantennos siempre en tu visión perfecta!

Estribillo:
YO SOY, YO SOY, YO SOY
la fuerza poderosa de protección,
YO SOY, YO SOY, YO SOY
protegido a cada hora,
YO SOY, YO SOY, YO SOY
la poderosa cascada de perfección
¡manifestada, manifestada, manifestada!

2. LORD Michael, mighty and true,
   Guard us with thy sword of blue.
   Keep us centered in the Light's
   Blazing armor shining bright!

3. Around us blaze thy sword of faith —
   Mighty power of holy grace,
   I AM invincible protection always
   Pouring from thy dazzling rays!

(Give entire decree nine times)

OM   MANI   PADME   HUM
OM   MAH-NEE   PUD-MAY   HOOM

(Give 11 times)

OM! The jewel in the lotus, HUM! Or Hail to the jewel in the lotus!

Arcturus, Blessed Being Bright   Decree

Beloved mighty victorious Presence of God, I AM in me, thou immortal unfed flame of Christ love burning within my heart, Holy Christ Selves of all mankind, beloved mighty Elohim Arcturus and Victoria, all great beings, powers, and activities of Light serving the Violet Flame, beloved Guru Ma and Lanello, the entire Spirit of the Great White Brotherhood and the World Mother, elemental life —fire, air, water, and earth!

In the name and by the magnetic power of the Presence of God which I AM and by the magnetic power of the sacred fire vested in me, I invoke the mighty presence and power of your full-gathered momentum of service to the Light of God that never fails, and I command that it be directed throughout all

quel, poderoso y verdadero,
nos con tu espada azul.
nos centrados en la Luz
de la brillante armadura resplandeciente!

3. Destella tu espada de fe alrededor,
   poderosa fuerza de la gracia sagrada,
   ¡por siempre YO SOY invencible protección
   que emana de tus rayos deslumbrantes!

(Repítase el decreto entero nueve veces)

OM   MANI   PADME   HUM
OM   MA-NI   PAD-ME   HUM

(Repítase once veces)

¡OM! ¡La joya en el loto, HUM! O ¡Salve a la joya en el loto!

Radiante Arcturus, bendito ser Decreto

Amada, poderosa y victoriosa Presencia de Dios YO SOY
en mí, tú, llama inmortal no alimentada del amor Crístico que
arde dentro de mi corazón, Santos Seres Crísticos de toda la
humanidad, amados poderosos Elohim Arcturus y Victoria, todos los grandes seres, poderes y actividades de Luz que sirven a
la Llama Violeta, amados Gurú Ma y Lanello, todo el Espíritu
de la Gran Hermandad Blanca y la Madre del Mundo, vida elemental: ¡fuego, aire, agua y tierra!

En el nombre y por el poder magnético de la Presencia de
Dios que YO SOY y por el poder magnético del fuego sagrado
del que estoy investido, invoco la poderosa presencia y el poder
de todo vuestro moméntum acumulado de servicio a la Luz de

mankind, elemental life, and the angelic hosts serving earth evolutions.

Blaze thy dazzling light of a thousand suns throughout the earth and transmute all that is not of the Light into the God-victorious, light all-glorious, flaming Jesus Christ perfection.

In thy name, O God, I decree:

1.   O Arcturus, blessed being bright,
     Flood, flood, flood our world with Light;
     Bring forth perfection everywhere,
     Hear, O hear our earnest prayer.

Refrain:
     Charge us with thy Violet Flame,
     Charge, O charge us in God's name;
     Anchor in us all secure,
     Cosmic radiance, make us pure.

2.   O Arcturus, blessed Elohim,
     Let thy Light all thourgh us stream;
     Complement our souls with Love
     From thy stronghold up above.

3.   O Arcturus, Violet Flame's great Master,
     Keep us safe from all disaster;
     Secure us in the cosmic stream,
     Help expand God's loving dream.

4.   O Arcturus, dearest LORD of might,
     By thy star radiance beaming bright,
     Fill us with thy cosmic Light,
     Raise, O raise us to thy height.

(Give entire decree five times)

Dios que nunca falla, y ordeno que sea dirigido por toda la humanidad, la vida elemental y las huestes angelicales que sirven a las evoluciones de la Tierra.

Haced resplandecer vuestra deslumbrante luz de mil soles por toda la Tierra y transmutad todo lo que no sea de la Luz en la divinamente victoriosa, totalmente gloriosa luz de la llameante perfección de Jesucristo.

En tu nombre, oh Dios, yo decreto:

1. Radiante Arcturus, bendito ser,
   inunda, oh inunda mi mundo de Luz;
   en todo lugar haz surgir Perfección,
   escucha, oh escucha mi intensa oración.

Estribillo:
   Cárganos con toda tu Llama Violeta,
   cárganos, oh cárganos en nombre de Dios;
   ánclala en todos nosotros segura,
   resplandor infinito, purifica y transmuta.

2. Arcturus bendito, oh gran Elohim,
   a través de nosotros tu luz haz fluir;
   complementa las almas con todo tu Amor
   desde arriba en tu gran fortaleza, Señor.

3. Arcturus, Maestro de Llama violeta,
   mantennos seguros ante todo desastre;
   en la corriente infinita asegúranos,
   ayuda a expandir el sueño de Dios.

4. Queridísimo Arcturus, poderoso SEÑOR,
   por tu estrella radiante de bello fulgor,
   llénanos ahora con tu cósmica Luz,
   elévanos, oh elévanos a tu altura con Amor.

(Repítase todo el decreto cinco veces)

And in full Faith I consciously accept this manifest, manifest, manifest! (repeat three times) right here and now with full Power, eternally sustained, all-powerfully active, ever expanding, and world enfolding until all are wholly ascended in the Light and free!

Beloved I AM! Beloved I AM! Beloved I AM!

Ave Maria Song

Introduction—2 measures, 4/4 time

Being of sanctity
Flower of immortality
Revered thy flame of consecration
O Mary, hallow'd is thy name
Your soul a symphony, holy and pure
    to the Christ in man.
O father, bless her for her faith in thee
Expand her holy mantle of Light
Inspire the great, magnificent concept
The image lovely, so gentle and mild
Born of Divinity.

Interlude —2 measures, 4/4 time

Holy Madonna
Pure in soul and mind
We bow to the Light you bore the earth
The Christ who enters each heart to raise
All to love, the goal of self-mastery—
    the path of great worth.

¡Y con plena fe, acepto conscientemente que esto se manifieste, se manifieste, se manifieste! (repítase tres veces), ¡aquí y ahora mismo con pleno Poder, eternamente sostenido, omnipotentemente activo, siempre expandiéndose y abarcando el mundo, hasta que todos hayan ascendido completamente en la Luz y sean libres!

¡Amado YO SOY! ¡Amado YO SOY! ¡Amado YO SOY!

Ave María   Canción

Introducción—2 compases, compás de 4 por 4

Ser de santidad
flor de inmortalidad
reverenciada tu llama de consagración
¡Oh, María! Santificado es tu nombre,
tu alma, una sinfonía santa y pura
    para el Cristo en el hombre.
¡Oh, Padre!, bendícela por su fe en ti,
extiende su sagrado manto de Luz,
inspira el grandioso, magnífico concepto,
la imagen encantadora, tan gentil, suave,
nacida de la divinidad.

Interludio —2 compases, compás de 4 por 4

Santa Virgen
pura en alma y mente
nos inclinamos ante la Luz que trajiste a la Tierra,
el Cristo que entra en cada corazón para elevar
todos al amor, la meta de la automaestría,
    el sendero de gran valor.

Dear Mary, we invoke thy blessed rays
Of healing power that flows from your heart
O Raphael, consecrate our pathway
And help us cosmic grace impart
Light, teach us all thou art!

Interlude —2 measures, 4/4 time

Blest Queen of Heaven
Great art thou!
Instruct and bless our youth and children
Enfold them with thy Presence now
Restore the mem'ry of their holy vows
from the inner planes.
O Mother of the World, we are thy flames
Our holy God-design we claim
Rejoice, rejoice, o heavenly powers
For earth does seek thee, the God Star our aim
Victory in God's name.

In the Name Kuan Yin (Repeat three times)
Evil Is Not Real and Its Appearance Has No Power!

(Repeat three times)

Kuan Yin Mantras
for the Woman and Her Seed   Chant
The Fourteen Stations of the Aquarian Cross

(Turn to page 50 and give each of the fourteen mantras once.)

Querida María, invocamos tus benditos rayos
de poder curativo que fluye desde tu corazón
¡oh, Rafael! Consagra nuestro camino
y ayúdanos a impartir gracia cósmica
¡Luz, enséñanos todo lo que tú eres!

Interludio —2 compases, compás de 4 por 4

Bendita reina del Cielo
¡Grande tú eres!
Instruye y bendice a nuestros jóvenes y niños
envuélvelos con tu Presencia ahora
restituye el recuerdo de sus santos votos
desde los planos internos.
¡Oh, Madre del Mundo, somos tu llama!
Nuestro santo diseño divino reclamamos
¡Regocijaos, regocijaos, oh, poderes celestiales!,
pues la Tierra os busca, la estrella divina, nuestra meta,
victoria en el nombre de Dios.

En el nombre de Kuan Yin (Repítase tres veces)
¡El mal no es real y su manifestación no tiene poder!

(Repítase tres veces)

Mantras de Kuan Yin para la mujer y su progenie   Canto
Las catorce estaciones de la cruz de Acuario

(Vuelve a la página 51 y repite una vez cada uno de los catorce mantras.)

Our beloved Kuan Yin
Song

Goddess of Mercy, lovely Kuan Yin
    Guiding us on, our vict'ry to win
God's great forgiveness, his Mercy, too
    In love unceasing flow forth from you.
We feel the pow'r of thy Mercy Flame
    Through invocation, thy love we claim
To e'er outpicture thy great God-pow'r
    Raising the earth in this cosmic hour.

To Mercy's temple there in Peking
    In adoration, praises we sing
Angels surround with beauty divine
    All those who serve in thy holy shrine.
Sisters of Mercy, Brothers of Love
    Each one directing Light from above
To bless earth's children, set them all free
    In the ascension —Love's victory!

Interlude —32 measures, ¾ time

Kuan Yin, we love thee and in thy name
    Enfold all life in thy Mercy Flame
Blest Violet Fire of God's Seventh Ray
    Blaze through the earth, bring in the new day!
Now elementals and angels, too
    Shall with all men acquaintance renew
As they then God's divine plan discern
    Heaven to earth shall once more return.

Nuestra amada Kuan Yin   Canción

Diosa de la Misericordia, hermosa Kuan Yin
  que nos guías para ganar nuestra victoria
el gran perdón de Dios, y también Su misericordia;
  de ti se desprende un amor incesante.
Sentimos el poder de tu Llama de la Misericordia,
  a través de la invocación te pedimos amor
para poder siempre exteriorizar tu gran poder divino
  que eleva a la Tierra en este momento cósmico.

Al templo de la Misericordia allá en Pekín,
  nosotros cantamos plegarias en adoración;
los ángeles envuelven con belleza divina
  a todos aquéllos que sirven en tu santo altar.
Hermanas de la Misericordia, Hermanos del Amor,
  cada uno dirige Luz desde las alturas
para bendecir a las criaturas de la Tierra, liberarlas
  en la ascensión: ¡La victoria del Amor!

Interludio— 32 compases, compás de 3 por 4

Kuan Yin, te amamos, y en tu nombre
  envolvemos toda vida con tu llama de la Misericordia;
¡Bendito Fuego Violeta del séptimo rayo de Dios
  que ardes por la Tierra, preséntanos el nuevo día!
Ahora, elementales y también ángeles,
  con todos los hombres, renovarán las relaciones
para que el cielo retorne a la Tierra una vez más,
  en cuanto perciban el plan divino de Dios.

Heart, Head and Hand Decrees
Song

(Turn to page 26)

Beloved Mighty Astrea
Song

(Turn to page 36)

Thirty-three Manifestations of Avalokitesvara as Kuan Yin
Chant

1. NA-MO   YANG   LIU   KUAN   YIN
   NAH-MO YANG LEE OH GWAN EEN   (33 times)

   Hail! (Homage to the sacred name of) Kuan Yin who holds the willow branch.

2. NA-MO   LUNG   T'OU KUAN   YIN
   NAH-MO LOHNG TOE GWAN EEN   (33 times)

   Hail! (Homage to the sacred name of) Kuan Yin of the dragon head.

3. NA-MO   CH'IH   CHING KUAN   YIN
   NAH-MO TCHE(R)[11] JING GWAN EEN   (33 times)

   Hail! (Homage to the sacred name of) Kuan Yin who holds the sutras.

4. NA-MO   YÜAN   KUANG KUAN   YIN
   NAH-MO YÜ EN GWANG GWAN EEN   (34 times)

   Hail! (Homage to the sacred name of) Kuan Yin of complete light.

---

11. (R) indicates the pronunciation of a light *r*.

Decretos de corazón, cabeza y mano Canción

(Véase página 27)

Amada y poderosa Astrea Canción

(Véase página 37)

Las treinta y tres manifestaciones Canto
de Avalokitesvara en Kuan Yin

1. NA-MO YANG LIU KUAN YIN
   NA-MO IANG LIO GUAN IN (33 veces)

   ¡Salve! (Reverencia al nombre sagrado de) Kuan Yin, sujetando la rama de sauce.

2. NA-MO LUNG T'OU KUAN YIN
   NA-MO LONG TOU GUAN IN (33 veces)

   ¡Salve! (Reverencia al nombre sagrado de) Kuan Yin con cabeza de dragón.

3. NA-MO CH'IH CHING KUAN YIN
   NA-MO CHE(R)[13] JING* GUAN IN (33 veces)

   ¡Salve! (Reverencia al nombre sagrado de) Kuan Yin, sujetando los sutras.

4. NA-MO YÜAN KUANG KUAN YIN
   NA-MO IUÉN GUANG GUAN IN (34 veces)

   ¡Salve! (Reverencia al nombre sagrado de) Kuan Yin, completamente envuelta en luz.

---

13. (R) indica la pronunciación de una *r* suave.
* Véase nota 9.

5. NA-MO   YU   HSI   KUAN   YIN
   NAH-MO YO (H)SHEE GWAN EEN   (36 times)

   Hail! (Homage to the sacred name of) Kuan Yin of enjoyment or playful Kuan Yin.

6. NA-MO   PAY   YI   KUAN   YIN
   NAH-MO   BUY   EE   GWAN   EEN   (33 times)

   Hail! (Homage to the sacred name of) the white-robed Kuan Yin.

7. NA-MO   LIEN   WO   KUAN   YIN
   NAH-MO LEE EN WAW GWAN EEN   (36 times)

   Hail! (Homage to the sacred name of) Kuan Yin who seats on a lotus leaf.

8. NA-MO   LUNG   CHIEN   KUAN   YIN
   NAH-MO LOHNG JYEN GWAN EEN   (36 times)

   Hail! (Homage to the sacred name of) Kuan Yin who views waterfalls or swift water.

9. NA-MO   SHIH   YAO   KUAN   YIN
   NAH-MO SHE(R) YOW GWAN EEN   (38 times)

   Hail! (Homage to the sacred name of) Kuan Yin who gives medicine.

10. NA-MO   YÜ   LAN   KUAN   YIN
    NAH-MO Ü LAHN GWAN EEN   (36 times)

    Hail! (Homage to the sacred name of) Kuan Yin of the fish basket.

5. NA-MO YU HSI KUAN YIN
   NA-MO IO (H)SHI GUAN IN   (36 veces)
   ¡Salve! (Reverencia al nombre sagrado de) Kuan Yin del regocijo o la alegre Kuan Yin.

6. NA-MO PAY YI KUAN YIN
   NA-MO BAI I GUAN IN   (33 veces)
   ¡Salve! (Reverencia al nombre sagrado de) Kuan Yin en túnica blanca.

7. NA-MO LIEN WO KUAN YIN
   NA-MO LI EN UO GUAN IN   (36 veces)
   ¡Salve! (Reverencia al nombre sagrado de) Kuan Yin, sentada en una hoja de loto.

8. NA-MO LUNG CHIEN KUAN YIN
   NA-MO LONG JIEN* GUAN IN   (36 veces)
   ¡Salve! (Reverencia al nombre sagrado de) Kuan Yin, la que ve cascadas o corrientes impetuosas de agua.

9. NA-MO SHIH YAO KUAN YIN
   NA-MO SHE(R) IAO GUAN IN   (38 veces)
   ¡Salve! (Reverencia al nombre sagrado de) Kuan Yin, la que administra remedios.

10. NA-MO YÜ LAN KUAN YIN
    NA-MO Ü LAN GUAN IN   (36 veces)
    ¡Salve! (Reverencia al nombre sagrado de) Kuan Yin, con la cesta de pescado.

---

* Véase nota 9.

11. NA-MO   TE   WANG   KUAN   YIN
NAH-MO DUH[12] **WAHNG GWAN EEN** (39 times)

Hail! (Homage to the sacred name of) Kuan Yin the king of Merit.

12. NA-MO   SHUI   YÜEH   KUAN   YIN
NAH-MO SHWAY YÜ EH GWAN EEN (42 times)

Hail! (Homage to the sacred name of) Kuan Yin of moon and water.

13. NA-MO   I   YEH   KUAN   YIN
NAH-MO EE YEH GWAN EEN (33 times)

Hail! (Homage to the sacred name of) Kuan Yin of the one leaf.

14. NA-MO   CH'ING CHING KUAN   YIN
NAH-MO CHING JING GWAN EEN (38 times)

Hail! (Homage to the sacred name of) the blue throat Kuan Yin.

15. NA-MO   WEI   TE   KUAN   YIN
NAH-MO WAY DUH GWAN EEN (37 times)

Hail! (Homage to the sacred name of) the powerful and virtuous
Kuan Yin.

16. NA-MO   YEN MING KUAN   YIN
NAH-MO YEN MING GWAN EEN (37 times)

Hail! (Homage to the sacred name of) Kuan Yin who extends life.

---

12. *DUH* rhymes with the *de* in *coup de grace.*

11. NA-MO   TE WANG KUAN YIN
NA-MO   DE UANG GUAN IN (39 veces)

¡Salve! (Reverencia al nombre sagrado de) Kuan Yin, rey del mérito.

12. NA-MO   SHUI YÜEH KUAN YIN
NA-MO   SHUEI YÜ E GUAN IN (42 veces)

¡Salve! (Reverencia al nombre sagrado de) Kuan Yin de luna y agua.

13. NA-MO I YEH KUAN YIN
NA-MO I YE GUAN IN (33 veces)

¡Salve! (Reverencia al nombre sagrado de) Kuan Yin, la de la hoja única.

14. NA-MO CH'ING CHING KUAN YIN
NA-MO CHING JING[14] GUAN IN (38 veces)

¡Salve! (Reverencia al nombre sagrado de) Kuan Yin, de garganta azul.

15. NA-MO WEI TE KUAN YIN
NA-MO UEI DE GUAN IN (37 veces)

¡Salve! (Reverencia al nombre sagrado de) la poderosa y virtuosa Kuan Yin.

16. NA-MO YEN MING KUAN YIN
NA-MO IEN MING GUAN IN (37 veces)

¡Salve! (Reverencia al nombre sagrado de) Kuan Yin, la que alarga la vida.

---

14. Véase nota 9.

17. NA-MO CHUNG PAO KUAN YIN
NAH-MO JOHNG BOW GWAN EEN (39 times)

Hail! (Homage to the sacred name of) Kuan Yin of various treasures.

18. NA-MO YEN HU KUAN YIN
NAH-MO YEN WHO GWAN EEN (39 times)

Hail! (Homage to the sacred name of) Kuan Yin of the rock cave.

19. NA-MO NENG CHING KUAN YIN
NAH-MO NUNG JING GWAN EEN (41 times)

Hail! (Homage to the sacred name of) the calming Kuan Yin.

20. NA-MO A-NOU KUAN YIN
NAH-MO AH-NO GWAN EEN (38 times)

Hail! (Homage to the sacred name of) Anu.

21. NA-MO A-MO-TI KUAN YIN
NAH-MO AH-MO-DEE GWAN EEN (45 times)

Hail! (Homage to the sacred name of) Kuan Yin of fearlessness.

22. NA-MO YEH I KUAN YIN
NAH-MO YEH EE GWAN EEN (35 times)

Hail! (Homage to the sacred name of) the robe of leaves Kuan Yin, Parnashabari.

23. NA-MO LIU LI KUAN YIN
NAH-MO LEE OH LEE GWAN EEN (38 times)

Hail! (Homage to the sacred name of) Vaidurya.

17. NA-MO CHUNG PAO KUAN YIN
NA-MO YONG BAO GUAN IN (39 veces)

¡Salve! (Reverencia al nombre sagrado de) Kuan Yin, la de los muchos tesoros.

18. NA-MO YEN HU KUAN YIN
NA-MO YEN JU GUAN IN (39 veces)

¡Salve! (Reverencia al nombre sagrado de) Kuan Yin de la cueva rocosa.

19. NA-MO NENG CHING KUAN YIN
NA-MO NANG JING[15] **GUAN IN** (41 veces)

¡Salve! (Reverencia al nombre sagrado de) la pacificadora Kuan Yin.

20. NA-MO A-NOU KUAN YIN
NA-MO A-NOU GUAN IN (38 veces)

¡Salve! (Reverencia al nombre sagrado de) Anu.

21. NA-MO A-MO-TI KUAN YIN
NA-MO A-MO-DI GUAN IN (45 veces)

¡Salve! (Reverencia al nombre sagrado de) Kuan Yin de la intrepidez.

22. NA-MO YEH I KUAN YIN
NA-MO IE I GUAN IN (35 veces)

¡Salve! (Reverencia al nombre sagrado de) Kuan Yin vestida con hojas, Parnashabari.

23. NA-MO LIU LI KUAN YIN
NA-MO LIO LI GUAN IN (38 veces)

¡Salve! (Reverencia al nombre sagrado de) Vaidurya.

---

15. Ibídem

24. NA-MO   TO-LO   KUAN YIN

NAH-MO DWAW-LWAW GWAN EEN   (43 times)

Hail! (Homage to the sacred name of) Tara, Mother of Salvation.

25. NA-MO   KE   LI   KUAN YIN

NAH-MO GUH* LEE GWAN EEN   (39 times)

Hail! (Homage to the sacred name of) Kuan Yin of the clam.

26. NA-MO   LIU   SHIH   KUAN   YIN

NAH-MO LEE OH SHE(R) GWAN EEN (38 times)

Hail! (Homage to the sacred name of) Kuan Yin of six hours.

27. NA-MO   P'U   PEI   KUAN   YIN

NAH-MO POO BAY GWAN EEN   (41 times)

Hail! (Homage to the sacred name of) the universally compassionate Kuan Yin.

28. NA-MO   MA   LANG   FU   KUAN YIN

NAH-MO MA LAHNG FOO GWAN EEN (33 times)

Hail! (Homage to the sacred name of) Kuan Yin called the wife of Ma Lang.

29. NA-MO   HO CHANG KUAN YIN

NAH-MO HUH* JAHNG GWAN EEN   (36 times)

Hail! (Homage to the sacred name of) Kuan Yin of prayer.

---

* *GUH* rhymes with the *de* in *coup de grace.*
* *HUH* rhymes with the *de* in *coup de grace.*

24. NA-MO   TO-LO   KUAN   YIN
 NA-MO   **DUO-LO**   **GUAN**   **IN**   (43 veces)

¡Salve! (Reverencia al nombre sagrado de) Tara, madre de la salvación.

25. NA-MO   KE   LI   KUAN   YIN
 NA-MO   **GUE**   **LI**   **GUAN**   **IN**   (39 veces)

¡Salve! (Reverencia al nombre sagrado de) Kuan Yin de la almeja.

26. NA-MO   LIU   SHIH   KUAN   YIN
 NA-MO   **LIO**   **SHE(R)**   **GUAN**   **IN**   (38 veces)

¡Salve! (Reverencia al nombre sagrado de) Kuan Yin de las seis horas.

27. NA-MO   P'U   PEI   KUAN   YIN
 NA-MO   **PU**   **BEI**   **GUAN**   **IN**   (41 veces)

¡Salve! (Reverencia al nombre sagrado de) Kuan Yin, la universalmente compasiva.

28. NA-MO   MA   LANG   FU   KUAN   YIN
 NA-MO   **MA**   **LANG**   **FU**   **GUAN**   **IN**   (33 veces)

¡Salve! (Reverencia al nombre sagrado de) Kuan Yin, llamada la esposa de Ma Lang.

29. NA-MO   HO   CHANG   KUAN   YIN
 NA-MO   **JE**   **JANG**[16]   **GUAN**   **IN**   (36 veces)

¡Salve! (Reverencia al nombre sagrado de) Kuan Yin de la oración.

---

16. Véase nota 9.

30. NA-MO   I   JU   KUAN   YIN
NAH-MO EE ROO GWAN EEN   (38 times)

Hail! (Homage to the sacred name of) Kuan Yin of Oneness.

31. NA-MO   PU   ERH   KUAN   YIN
NAH-MO BOO «R» GWAN EEN   (39 times)

Hail! (Homage to the sacred name of) Kuan Yin of non-duality.

32. NA-MO   CH'IH   LIEN   HUA   KUAN   YIN
NAH-MO TCHE(R) LEE EN HWHA GWAN EEN
(41 times)

Hail! (Homage to the sacred name of) Kuan Yin holding the lotus.

33. NA-MO   SA   SHUI   KUAN   YIN
NAH-MO SAH SHWAY GWAN EEN   (39 times)

Hail! (Homage to the sacred name of) Kuan Yin of pure water.

The Law of Forgiveness   Decree

Beloved mighty victorious Presence of God, I AM in me, beloved Holy Christ Self, beloved Heavenly Father, beloved great Karmic Board, beloved Kuan Yin, Goddess of Mercy, beloved Guru Ma and Lanello, the entire Spirit of the Great White Brotherhood and the World Mother, elemental life — fire, air, water, and earth!

In the name and by the power of the Presence of God which I AM and by the magnetic power of the sacred fire vested in me, I call upon the Law of Forgiveness and the Violet Transmuting Flame for each transgression of thy Law, each departure from thy sacred covenants.

30. **NA-MO I JU KUAN YIN**
NA-MO I RU GUAN IN (38 veces)

¡Salve! (Reverencia al nombre sagrado de) Kuan Yin de la unidad.

31. **NA-MO PU ERH KUAN YIN**
NA-MO BU AR GUAN IN (39 veces)

¡Salve! (Reverencia al nombre sagrado de) Kuan Yin, la que carece de dualidad.

32. **NA-MO CH'IH LIEN HUA KUAN YIN**
NA-MO TCHE(R) LIEN UA GUAN IN

(41 veces)

¡Salve! (Reverencia al nombre sagrado de) Kuan Yin sujetando el loto.

33. **NA-MO SA SHUI KUAN YIN**
NA-MO SA SHUEI GUAN IN (39 veces)

¡Salve! (Reverencia al nombre sagrado de) Kuan Yin de agua pura.

La Ley del perdón

Decreto

Amada, poderosa y victoriosa Presencia de Dios YO SOY en mí, amado Santo Ser Crístico, amado Padre Celestial, amado gran Consejo Kármico, amada Kuan Yin, Diosa de la Misericordia, amados Gurú Ma y Lanello, todo el Espíritu de la Gran Hermandad Blanca y la Madre del Mundo, vida elemental: ¡fuego, aire, agua y tierra!

En el nombre y por el poder de la Presencia de Dios que YO SOY y por el poder magnético del fuego sagrado del que estoy investido, invoco la Ley del Perdón y la Llama Violeta Transmutadora por toda transgresión de tu Ley, toda desviación de tus alianzas sagradas.

Restore in me the Christ Mind, forgive my wrongs and unjust ways, make me obedient to thy code, let me walk humbly with thee all my days.

In the name of the Father, the Mother, the Son, and the Holy Spirit, I decree for all whom I have ever wronged and for all who have ever wronged me:

Violet Fire*, enfold us! (Repeat three times)

Violet Fire, hold us! (Repeat three times)

Violet Fire, set us free! (Repeat three times)

I AM, I AM, I AM surrounded
    by a pillar of Violet Flame*,
I AM, I AM, I AM abounding in
    pure Love for God's great name,
I AM, I AM, I AM complete
    by thy pattern of perfection so fair,
I AM, I AM, I AM God's radiant flame
    of Love gently falling through the air.

Fall on us! (Repeat three times)

Blaze through us! (Repeat three times)

Saturate us! (Repeat three times)

And in full Faith I consciously accept this manifest, manifest, manifest! (repeat three times) right here and now with full Power, eternally sustained, all-powerfully active, ever expanding, and world enfolding until all are wholly ascended in the Light and free!

Beloved I AM! Beloved I AM! Beloved I AM!

---

* Give decree three times using «Mercy's Flame» and «purple flame» for «Violet Fire» and «Violet Flame» the second time and third time.

Restaurad en mí la Mente Crística, perdonad mis caminos errados e injustos, hacedme obediente a vuestros preceptos, dejad que camine humildemente con vosotros todos mis días.

En el nombre del Padre, de la Madre, del Hijo y del Espíritu Santo, yo decreto por todos a los que haya ofendido alguna vez y por todos los que me hayan ofendido alguna vez:

¡Fuego Violeta*, envuélvenos! (Repítase tres veces)

¡Fuego Violeta, guárdanos! (Repítase tres veces)

¡Fuego Violeta, libéranos! (Repítase tres veces)

YO SOY, YO SOY, YO SOY el que está rodeado
por un pilar de Llama Violeta*
YO SOY, YO SOY, YO SOY quien abunda en
puro Amor por el gran nombre de Dios,
YO SOY, YO SOY, YO SOY completo
por tu patrón de perfección tan bello,
YO SOY, YO SOY, YO SOY la radiante llama
del Amor de Dios que desciende gentilmente por el aire.

¡Desciende a nosotros! (Repítase tres veces)

¡Resplandece en nosotros! (Repítase tres veces)

¡Satúranos! (Repítase tres veces)

¡Y con plena fe, acepto conscientemente que esto se manifieste, se manifieste, se manifieste! (repítase tres veces), ¡aquí y ahora mismo con pleno Poder, eternamente sostenido, omnipotentemente activo, siempre expandiéndose y abarcando el mundo, hasta que todos hayan ascendido completamente en la Luz y sean libres!

¡Amado YO SOY! ¡Amado YO SOY! ¡Amado YO SOY!

---

* Aquí se puede usar «Llama de misericordia» y «Llama morada» en lugar de «Fuego Violeta» y «Llama Violeta».

OM   MANI   PADME   HUM
OM   MAH-NEE   PUD-MAY   HOOM

(Give 11 times)

OM! The jewel in the lotus, HUM! Or Hail to the jewel in the lotus!

I AM the Guard in Archangel Michael's Name!

(Give 3 times)

Lord Michael   Decree

1.   Lord Michael, Lord Michael,
          I call unto thee—
      Wield thy sword of blue flame
          And now cut me free!

Refrain:
    Blaze God-power, protection
      Now into my world,
    Thy banner of Faith
      Above me unfurl!
    Transcendent blue lightning
      Now flash through my soul,
    I AM by God's Mercy
      Made radiant and whole!

2.   Lord Michael, Lord Michael,
          I love thee, I do—
      With all thy great Faith
          My being imbue!

OM   MANI   PADME   HUM
OM   MA-NI   PAD-ME   HUM

(Repítase once veces)

¡OM! ¡La joya en el loto, HUM! O ¡Salve a la joya en el loto!

¡YO SOY el guardián en el nombre del Arcángel Miguel!

(Repítase tres veces)

San Miguel   Decreto

1. San Miguel, San Miguel,
        invoco tu llama
    ¡libérame ahora,
        esgrime tu espada!

Estribillo:
    Proclama el poder de Dios
        protégeme ahora.
    ¡Estandarte de Fe
        despliega ante mí!
    Relámpago azul
        destella en mi alma,
    ¡radiante YO SOY
        por la Gracia de Dios!

2. San Miguel, San Miguel,
        yo te amo, de veras;
    ¡con toda tu Fe
        imbuye mi ser!

3. Lord Michael, Lord Michael,
     And legions of blue—
   Come seal me, now keep me
     Faithful and true!

Coda:
   I AM with thy blue flame
     Now full-charged and blest,
   I AM now in Michael's
     Blue-flame armor dressed!

   (Repeat coda three times)

   (Give entire decree three times)

In the Name Kuan Yin   (Repeat three times)
Evil Is Not Real and Its Appearance Has No Power!

   (Give three times)

Thirty-three Manifestations of Avalokitesvara as Kuan Yin   Chant

(Turn to page 76 and give each of the thirty-three mantras once.)

3. San Miguel, San Miguel,
       y legiones de azul,
    ¡selladme, guardadme
       fiel y leal!

Coda:
    ¡YO SOY saturado y bendecido
       con la llama azul de Miguel,
    YO SOY ahora revestido
       con la armadura azul de Miguel!

(Repítase la coda tres veces)

(Recítese todo el decreto tres veces)

En el nombre de Kuan Yin (Repítase tres veces)
¡El mal no es real y su manifestación no tiene poder!

(Repítase tres veces)

Las treinta y tres manifestaciones de Avalokitesvara en Kuan Yin Canto

(Vuelve a la página 77 y repite cada uno de los treinta y tres mantras una vez.)

Para pedidos y envíos de libros a domicilio

Porcia Ediciones, S.L.
C/ Aragón, 621 4º 1ª
08026 Barcelona (España)
Tel./ Fax (34) 93 245 54 76

o bien a:

Porcia Publishing Corp.
P. O. Box 831345
Miami, FL 33283 (USA)
Pedidos *Toll-Free*: 1 (866) 828-8972
Tel. (1) 305 364-0035
Fax (1) 786 573-0000

E-mail: porciaediciones@yahoo.com

www.porciaediciones.com

¿Desea enviarnos algún comentario sobre el Rosario de cristal de Kuan Yin?

Esperamos que haya disfrutado al leerlo y que este libro ocupe un lugar especial en su biblioteca. Es nuestro mayor deseo complacer a nuestros lectores, y, por ello, nos sería de gran ayuda si rellenara y enviara esta hoja a:

Porcia Publishing Corp.
P. O. Box 831345
Miami, FL 33283 (USA)
Pedidos *Toll-Free*: 1 (866) 828-8972
Tel. (1) 305 364-0035
Fax (1) 786 573-0000

E-mail: **porciaediciones@yahoo.com**
www.porciaediciones.com

Comentarios: _____

_____

_____

¿Qué le llamó más la atención de este libro? _____

_____

_____

¿Autoriza a que publiquemos su comentario en la página web?
SÍ   NO

¿Quiere recibir un catálogo de libros?   SÍ   NO

Nombre: _____

Dirección: _____

Ciudad: _____ CP: _____

Provincia/Estado: _____ País: _____

Teléfono: _____ E-mail: _____

Línea de recorte